子育てはピンチがチャンス！

乳幼児期のこどもの発達と愛着形成

米澤好史 監修
藤田絵理子・米澤好史 著
くまの広珠 漫画

福村出版

刊行にあたって

この本は、0歳児から5歳児まで、子育てあるいは保育の現場で、こどもの発達にかかわり、支援をしてくださるすべての方に読んでいただきたい本として刊行させていただきました。

私自身は、0歳児から大人、高齢者にいたるまで、生涯発達の支援を意識して、実践研究活動をしてきました。以来、その生涯発達を支える一番大切な基盤としての愛着形成の重要さを訴えています。

なかでも、私は、0歳児から、乳児、幼児、児童、生徒、大人も含めて、愛着障害への支援に一番力を入れて、子育て・保育・教育・福祉・医療などの現場で、発達支援、心理支援とその支援に携わる人へのスーパービジョン、コンサルテーションをさせていただいています。その支援の中で気づくことは、愛着の問題、愛着形成がきちんとされていない愛着形成不全の問題が一番大きな問題であるということです。

愛着障害とは、「特定の人との情緒的なこころのきずな」である愛着が充分形成されていない、あるいは、なんらかの理由でその愛着形成が阻害されてしまった、もしくは、形成された愛着のきずなが崩壊された問題を抱える障害と捉えるべきものです。この愛着のきずなは、不安・恐怖などのネガティヴな感情が生じたときに守ってくれる「安全基地」、落ち着くなどのポジティブな感情を生じさせてくれる「安心基地」、そして、これらの基地機能のうえに、基地から離れて、戻ってくる動線の中で、経験したことを報告することで、ポジティブな感情を増やしてくれる、ネガティブな感情を減らしてくれる「探索基地」をつくることで形成されるものです。したがって、愛着障害とはこれらの基地機能が十分機能していない障害といえます。

愛着障害についてはだまだ知られていなかったり、正しく理解されていないのが現状で、親の育て方のせいと決めつけたり、大きい年齢になると修復できないとあきらめてしまったりされています。また、虐待によるトラウマ障害としてしか認めない専門家もいます。しかし、それは間違った考え方で、愛着形成はこどもの人間関係、意欲の基盤となり、こどもの発達にもっとも影響を与えている要因です。そして、その基盤のできていない愛着障害、愛着の問題を抱えてしまうと、人間関係のトラブルや攻撃行動を生じさせやすく、また、ゲーム依存などの依存症（アディクション）の問題も抱えやすくなります。もちろん、発達的トラウマ障害、複雑性トラウマ障害としての愛着障害のお子さんもいます。しかし、私は誰よりもたくさんの愛着障害のこどもに出会ってきた自負もあり、それだけではなく、愛着の問題はさまざまな現れ方をすることを確認し、提唱してきたのです。巻末の参考文献もご参照ください。

さて、この本はこうした私こと愛着障害の専門家と、大学院でも指導させていただいた元ゼミ生で、発達支援の現場でこどもに寄り添うすてきな心理専門家である藤田絵理子先生と、藤田先生の友人のイラストレーター、くまの広珠さんの3人のコラボで、できあがったものです。

愛着障害の支援に「いつまでにしないと、手遅れになる」という期限（臨界期・敏感期）はありませんが、就学前、0歳児から5歳児の発達、愛着形成はその後のこどもの発達にとってだいじな時期であるといえます。そして、そこにかかわる人にとっては、ある意味、こどもの日々の成長の驚きとともに、支援のつらさも感じられているところでもあろうと思います。そうしたこどもに寄り添った発達の支援に活かしていただきたい、発達の支援をされる方に寄り添うことで、その人たちをエンパワーメントさせていただきたい、そんな思いで作らせていただきました。

生後9ヶ月、1歳半、2歳半、3歳半、4歳半、5歳半というそれぞれだいじな時期のさまざまな愛着の問題の起こり方、その支援の仕方を漫画というわかりやすい表現で共感的に理解していただきたいです。そして、その意味を解説し、それ以外の発達支援のポイントも提示するというかたちで構成しました。

私が支援でだいじにしてきたことが二つあります。

こどもの行動は、かかわってくださる方からすると、「どうしてそんなことするの？」と見えてしまう行動もいっぱいあります。しかし、「こどもの行動には、すべてそうする理由、原因がある」のです。現場に足を運びながら、「この子がこんなことをするのは、こういう理由からなんですよ、こんな原因があるんですよ」と、その謎解きをしてきたのです。この本でもこの発達と愛着の問題の謎解きをしていますから、「そうだったんだ！　そんな理由でこどもはそんなことをしてたんだ！」と腑に落ちながら読んでいただきたいと思っています。これが一つめです。

そしてもう一つは、発達において、一見、ピンチに見える出来事は、その後の発達につながるチャンスであり、逆に発達が順調に伸びるチャンスは、それを逸してしまうと、発達の問題を抱えてしまうピンチでもあるということです。「ピンチはチャンス！　チャンスはピンチ！」、発達はこのようにいわば裏腹の特徴をもつものなのです。

ですからこそ、親や支援者、保育者、教育者は、こどものこの発達の傍に寄り添い、ハラハラしながら、できた喜びを分かち合い、つらい気持ちも一緒に感じながら、こどもの発達のよき伴走者としての楽しさを実感していただきたいと思っているのです。

さあ、すてきなこどもの発達、愛着形成の「旅」にご一緒に出かけましょう！

米澤 好史

子育てはピンチがチャンス！

もくじ

この本について

この本は、発達段階に応じて、こどもたちに起こり得るエピソードを漫画に表し、親子間や教師（保育者）との愛着をていねいに形成していく大切さと意義を描きました。

「愛着」を形成するには時間と手間がかかります。しかしその形成段階で、不全な状態が生じると「愛着障害（アタッチメント障害）」と称される対人関係や社会性における生きづらさを抱え、人との安心感や信頼関係を築くことに困難が生じることもあります。

現代社会では、人間関係が希薄になり、昨年（二〇二〇年）に起きたパンデミック（コロナ禍）で、さらにその傾向が加速しました。なにも話さなくても一緒にいるだけで、ほっこりする、安心できる誰かを心の中にどっしりとイメージできることは、人格形成における根っこ、生きるうえで人生を支える柱のようです。

とはいえ、これまでの人生で、得損なってきたかもしれない愛着形成のピース（断片）は、誰しもあることでしょう。主人公のみつきちゃんの成長の一コマ、一コマを追いながら、パッチワークをつなぐように慈しみ、楽しみながら、紡いでいただきたいと思います。

この本は、愛着の成長を軸として、①年齢区分別に総論（その年齢・時期の特徴）→②エピソードの漫画（みつきちゃんの成長日記）→③エピソードに対する解説→④該当年齢・時期に成長を促すかかわりのポイントや遊びのヒント（こどもに合わせて自由にアレンジ）という流れで構成してあります。

一つの事象、エピソードでも、見る立場、経験する当事者により、受け取り方、受け止め方が異なります。そこで、この漫画の特徴として、①主人公のみつきちゃんの気持ち（視点・行動）→②みつきちゃんにかかわる人々（お母さんや、保育者たち）の気持ち→③みつきちゃんへの対応→④みつきちゃんの気持ち（行動）の変化、という展開になっています。

ぜひ、それぞれの人物に共感しながら、また俯瞰しながら、同じ現象を、どのように捉えているのか「発達段階」という成長の指標を参考にしながらお楽しみください。

登場人物

みつきちゃんの家族

みつきちゃん

活発な性格
がんばり屋さん、がんこな一面も

お父さん

子育てに協力的
穏やかな性格

お母さん

子育てに一生懸命
きちょうめんな性格

そうちゃん（弟）

のんびり屋さん

みつきちゃんのお友だち

たっくん

みつきちゃんと仲良し

れなちゃん

みつきちゃんと仲良し
みつきちゃんの憧れの
お友だち

みつきちゃんの先生

えみ先生
（年長組担任、主任）

みちこ先生
（年中組担任）

あや先生
（年少組担任）

9ヶ月ごろ

総論●愛着の新芽時期

天使のようなわが子を迎え、喜びと感動で胸が震え、涙した経験から、まだ1年も過ぎないのですが、24時間のお世話、育児に慣れるとともに、疲れも感じるころです。

夫婦二人の生活とは百八十度違う、こども中心の生活スタイルの変化の中で、「かわいい、天使！」とニンマリ幸せを実感する瞬間と「なんで？」と思わず憎たらしく思える瞬間もあり、睡眠不足も重なるなど心身、ホルモンバランスの影響で、さらに感情の振り幅も大きくなるかもしれません。

また、こどもの特性（性格のようなもの？）がはっきりしてくると同時に、よく笑いよく眠る「育てやすいタイプ」、夜泣きも多い「育てにくいタイプ」など、特性やタイプを決めつけて、一喜一憂し始めてしまうのも、このころに、陥りやすいわなです。今はとくに、ＳＮＳ

が普及して、子育ての情報もたくさんあります。しかし、情報の真偽は、はっきりしません。

たとえば、「ディフィカルトベイビー（育てづらいような部分を持っている子）」（厚生労働省）が、一割から二割存在するそうですが、母親にとって、育てやすさ、育てづらさの基準は、わが子が基準なのではっきりしません。また、こどもの養育に困難を感じると、母親失格と思われるのではないかと、社会的な見えない圧力を感じ取り、育児中に抱くマイナス感情を発言できないこともあります。育児中、ポジティブな感情ばかりではないことに罪悪感をもたないでください。

「赤ちゃんはかわいい、けれどもたまには、大人とおしゃべりしたい」。乳児を抱える母親が、多く語る言葉です。人間は社会的な存在です。とくに産休ギリギリまで働いていた場合、身体面、環境面の急な変化を経験します。つらい感情が湧いても、当たり前なのです。

母親として、また保育者として、赤ちゃんといえども「感情をもった一人格」と向き合っていることを意識しましょう。同時に、まだ自分の感情を自分でしっかり認識してコントロールする、他者の感情を理解することはできない存在であることを覚えておきましょう。けれども、その感情がわからないままま、不明確なまま、他者を求め、他者の感情すら動かしてしまうのです。ゆえに、こちらの感情も揺さぶられて当然であることを、自覚し認めてほしいのです。

赤ちゃんに本気に怒ってしまう自分を、大人なのに、親なのに、こどもにかかわる支援のプロなのにと責めないでください。「赤ちゃんなのにすごいなあ、私の怒りのツボを上手に押したな」と、ユーモアで対処できるなら、日々の無限ループに思える生活の繰り返しを乗り切るコツの一つになるかもしれません。繰り返しますが、かかわる大人を、見事に怒らせるとしても、こどもは意図的にしているのではないのです。ですから、こどもが、そのようにする意味や理由の背景を理解したいと、じっくり観察するなら、謎解きのように楽しめるかもしれません。こどもの言動の背景が発見でき、「なるほど」と、腑に落ちることがあるのです。

「育児は自分育て」、大人である（大人だと思っていた？）自分の中に、もしかしたら欠けていたかもしれない感情や経験を、否応なく激しいトレーニングで育ててくれます。孤独に耐える力、永遠に続くのかと思わされる繰り返しの作業（汚物処理も含む）により、辛抱強さ、粘り強さ、感情コントロール、コミュニケーション能力、慈愛の気持ち、感謝されなくても手を抜かない仕事をする精神力、家事スキルの向上、自己犠牲的な愛情、最大限の心配や悩みの経験など、時に壮絶な苦しみを伴いながら、振り返れば、数えきれない豊かな経験をさせてくれます。

こどもとともに育つ自分を、少しだけ先の季節を思い見ながら、ひと時の憩いは元気を復活させる力です。一杯の温かいお茶を冷めないうちに飲み切る、インスタントラーメンが伸びないうちに完食できるなど、小さな幸せを確保できるように、家族や支え手に甘えられる、理解ある人間関係に恵まれるよう心から望みます。苦しさが継続する場合には、専門家の助けを早めに進んで得て、健やかな笑顔の自分を取り戻せるようにしましょう。

みつきちゃんの気持ち

おやつのお皿を何度も投げちゃう

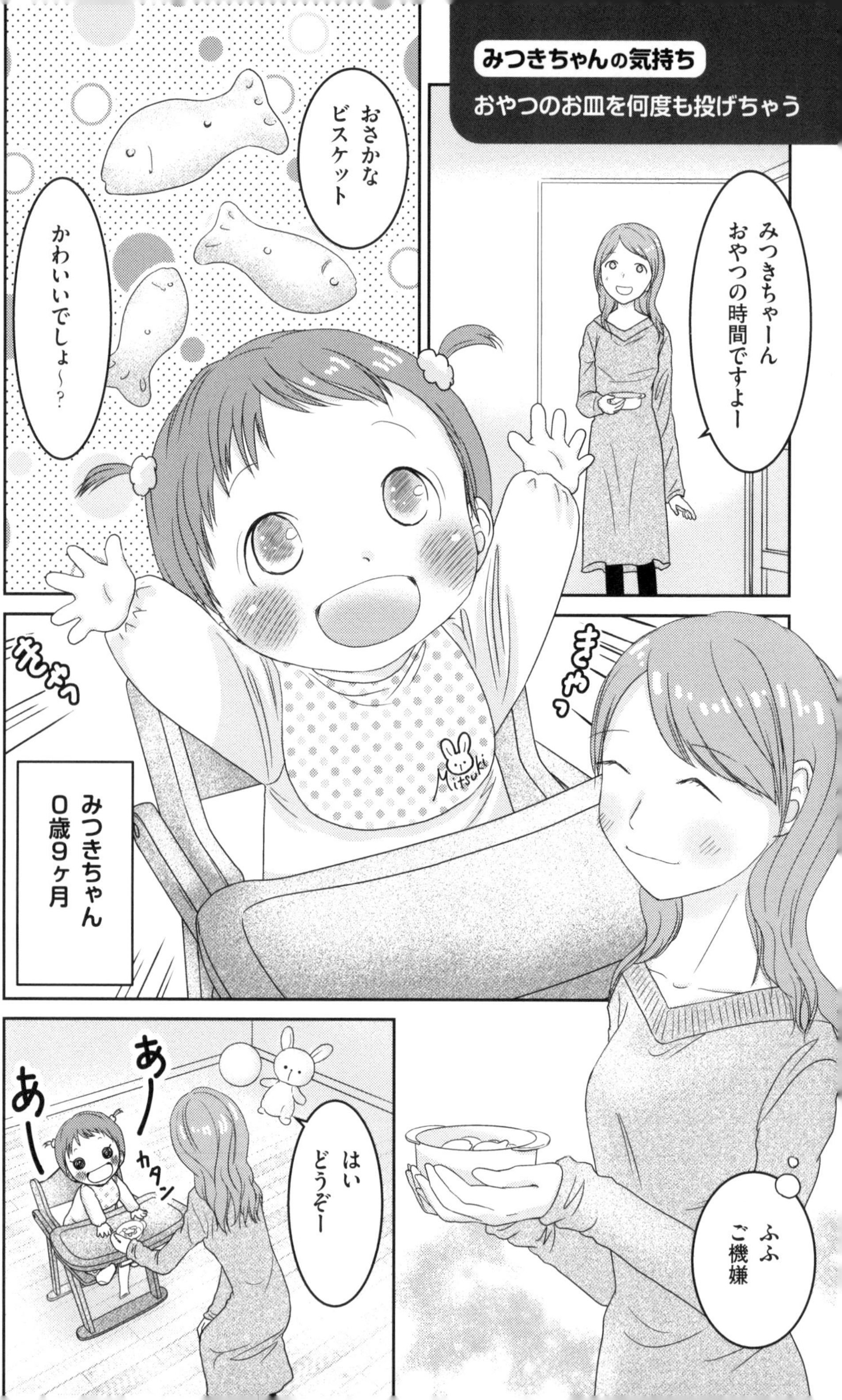

みつきちゃーん おやつの時間ですよー
おさかな ビスケット
かわいいでしょ〜?
きゃっ
きゃっ
みつきちゃん 0歳9ヶ月
ふふ ご機嫌
はい どうぞー
カタン
あーあー

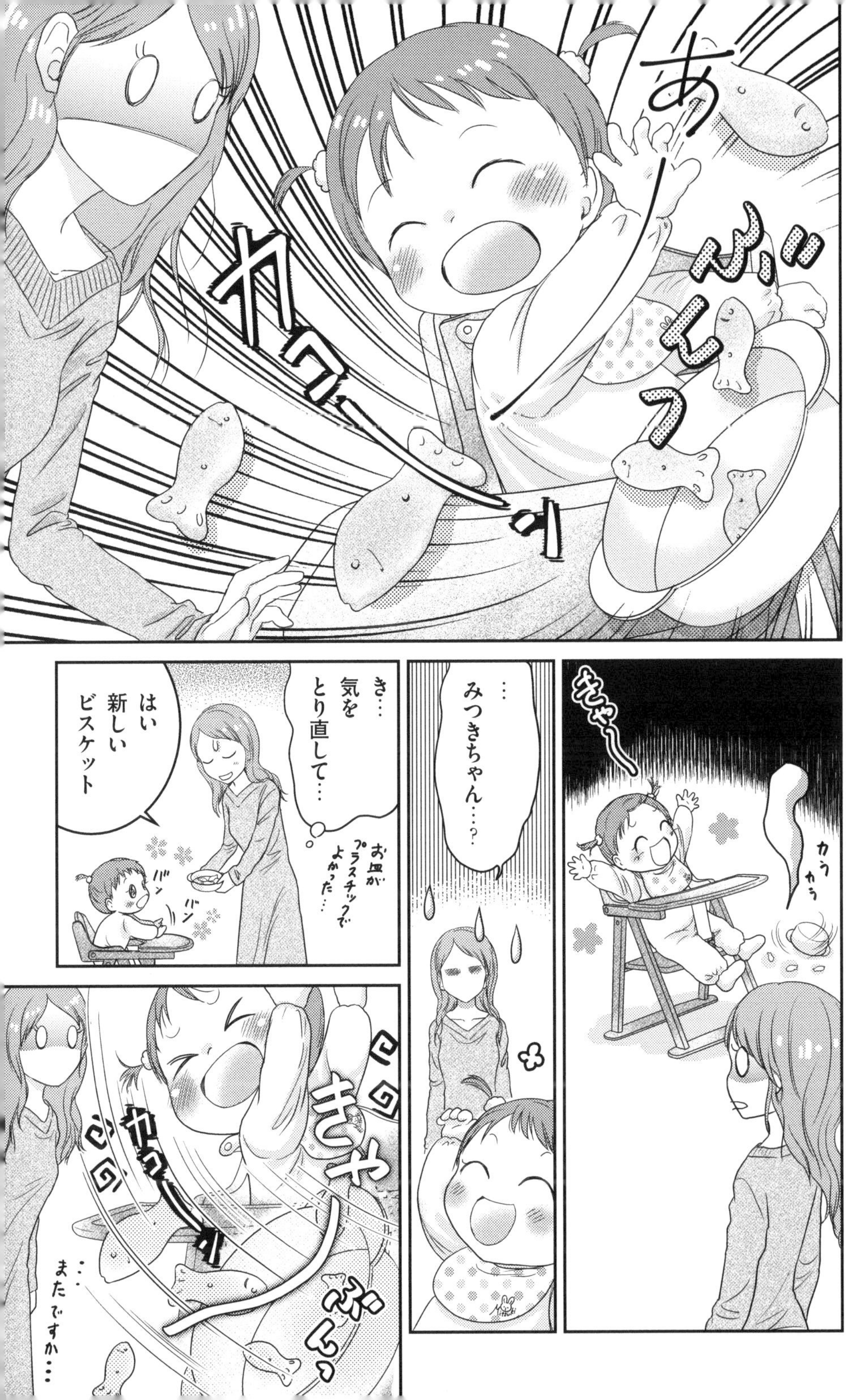
あ
ぶんっ
カコ〜ッ
きゃ〜
カラ カラ
…みつきちゃん…？
き…気をとり直して……
お皿がプラスチックでよかった…
はい 新しい ビスケット
バン バン
きゃ
ぶんっ
カコ〜ッ
…またですか…

お母さんの気持ち

おやつのお皿を落としてしまうみつきちゃん、どうしたらいいのかな？

あーーいーー
ひゃっほ～
な…
なぜ…？
ママはビスケットを食べてほしいだけなのに…
ううう…
私はシンデレラ…
ふき
ふき
みつきちゃんいらないの？
バン
バン
おさかなさんみつきちゃんにあーんしてパクパクしてほしいって
はい・新しいの
ブンッ
カコーーン
二度目ですかそうですか…
ぐちゃあーー
また床掃除しなきゃ…
あ…もう新しいビスケットがなくなっちゃった…

お母さんの対応

みつきちゃんにとっては、遊びも勉強！

すー
今日ね みつきちゃん 何度もおやつのお皿を投げて笑ってたの
みつきちゃんはご機嫌だったけど
私は結構疲れた…
それは大変だったな…
でもみつきちゃんにとっては遊びだったのかもしれないよ
え？
そういえば音を楽しんでるみたいだった…
お皿やお菓子が床にぶつかって音が鳴ったとき とくに笑ってたわ
みつきちゃんは落ちた音とか高さ？みたいなものを確かめていたのかな？
ぴー

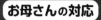

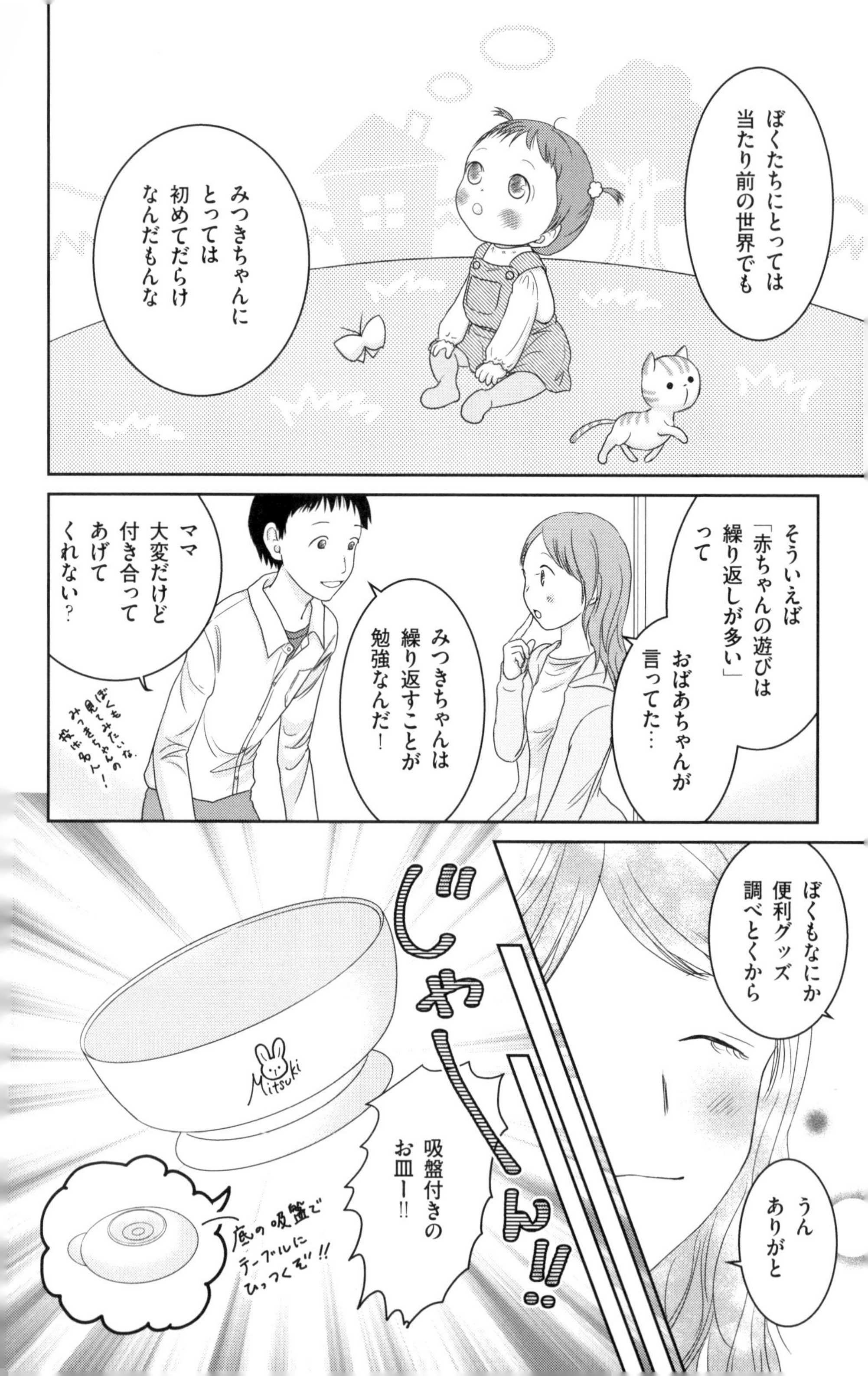

ぼくたちにとっては当たり前の世界でも
みつきちゃんにとっては初めてだらけなんだもんな
そういえば「赤ちゃんの遊びは繰り返しが多い」って
おばあちゃんが言ってた…
みつきちゃんは繰り返すことが勉強なんだ!
ママ大変だけど付き合ってあげてくれない?
ぼくも見てみたいな。みつきちゃんの投げるトー!
ぼくもなにか便利グッズ調べとくから
うんありがと
じゃーん!!
吸盤付きのお皿ー!!
Mitsuki
底の吸盤でテーブルにひっつくぞ!!

これでもう
お皿がテーブルから
離れないぞー
パパが買ってくれたのよ。
う――
う――
ねぇ
みつきちゃん
お皿は
もぐもぐするもの
だいじ
だいじ
ポーンは
こっち
パパの見つけた
音の出るボール
ピー
ピー
ボール ポーン
してみる？
音の出るボールで
普段も遊ぶようにして
遊び（おもちゃで遊ぶ）
時間と
食事の時間の
区別がつくように
粘り強く教えました
ブンッ
ピ
きゃっはー
じょうず
じょうず
投げるのうますぎ！
将来ピッチャーに
なれるかも!?
親バカ

解説

愛着の新芽を大切に育てよう

みつきちゃんの繰り返しのポイ捨て行動に付き合うことは、お母さんにとって、辛抱が試され、物理的（拾う動作と掃除の繰り返し）にも精神的（「何回もそれをするのに意味があるの？」と、わが子の行動が理解困難に思えてしまう）にも大変な挑戦です。

植物を育てた経験のある方はご存じだと思いますが、新芽の時期は、目配り、世話がかかります。虫に食べられてしまわないか、強い直射日光に焼けてしまわないか、雨が続くと腐ってしまわないかなど、気遣いで、鉢植えなら、あっちに運んだりこっちに運んだり、不織布のような覆いをかけてみたり……、結構、忙しいのです。人生の新芽の時期ともいえる乳児期にも、親や保育者との愛着のきずなが育まれる新芽がニョキニョキと成長します。しかし、ニョキニョキではあるものの、カタツムリの触角のごとく、探索しながら安全を確認して、前進を繰り返す繊細な面もあります。乳児の一見、自由奔放な態度にヘトヘトになり、振り回されますが、これには訳があるのです。この時期の成長の特徴を理解しておきましょう。

みつきちゃんは、お皿を何回も落として、いったいなにをしているのでしょう？　ズバリ、実験です。一種の遊び、または自分と他者とのやりとりの練習といってもよいでしょう。落とすと音がする、しばらくすると、なにやら自分に注意を向けて（名前を呼んで）、お皿が元の場所に戻ってくるのです。不思議?! これは、もう一回落としてみるしかない!! なにやら声かけとともに、拾ってくれる他者がいる、自分の動かした手の波及効果、お皿と床との距離、落ちる音、お母さんのいろんなトーンの声、そしてお母さんが背中をさすってくれるやさしいあたたかい感触など、複合的な感覚が一気に脳を刺激します。自分の力、運動能力を駆使することで、自分の周囲にいる他者、他者が自分に働きかけ、繰り返し応答してくれる経験は、何事にも代えがたい、愛着の基盤形成につながります。繰り返し遊んで、いろいろな複合的な刺激と反応を体得しているのです。お父さんがお母さんを手助けするために、育児の便利グッズ、吸盤付きのお皿を購入してくれました。そんなにいいことなら、もっと楽しませてあげたらいいのに……。そうはいっても、反復を社会的に望ましいかたちで（将来はマナーにつながる）、体験させてあげる必要があります。外食に行って、高いお皿を放り投げられては大変です。

お母さんが、お父さんにこどもの成長の報告とともに、困りごとも相談できて一緒に考えてもらえる養育環境であること、保育者も同僚に「困った、なにか手立てや工夫はないでしょうか」と知恵を求められる環境が大切です。抱えこまないことが、新芽の成長に粘り強く、消耗しすぎず、かかわるための活力となるでしょう。

かかわりのポイント

辛抱強い呼応が愛着関係の基盤をつくる

生活リズムが整ったり、バラバラだったり、こどもの成長は著しい中、まだまだ親が、こどもの生活リズムに合わせることが求められ睡眠不足になるなどの時期です。

しかし、そのような辛抱強い呼応関係は「愛着関係のきずな」を強くします。

こどもは熱心な練習家で、時には親が「もういいんじゃない」と思うほど一生懸命です。反復することで、新しい技術を習得しているのです。

寝ているばかりから、自力で動くようになり、独立歩行へと最初の一年間で、こどもはまったく違う世界を目にしていきます。

成長を促す遊びの例

顔をのぞき込むと笑う、笑い返す　―　表情の豊かさ
身体をなでる、くすぐる　―　皮膚感覚、身体感覚への刺激
足を突っ張る、ジャンプ　―　反復運動による筋力アップ
はいはい　―　脊椎運動、運動の基礎練習
日向ぼっこ　―　日光刺激への慣れ、骨を丈夫にする

お風呂 ― お湯（水）の感覚を楽しむ
音楽、歌 ― 気持ちの良い音、音感の育成

ワンポイントアドバイス

・おしめを替えるとき、おっぱいを飲ませるときなどの動作時のタッチングを心がける。
・動作とともに声かけなどをする。「きれいにしようねえ」、「気持ちいいねえ」
・擬音語、擬態語でも語りかける。「ジャブジャブ」、「ザーザー」、「ピカピカ」
・寝る前のルーティーンで同じ曲をかける。または子守唄を歌って寝かしつける習慣づけ。
・起床時、朝の目覚めの曲（親の好きな曲）をかけておく、習慣化することで朝の音楽、夜、寝る前の音楽などが理解でき、生活リズムの獲得の一助となる。
・保育園などでは、お昼寝の前に音楽をかけ、午睡の合図として習慣化に活用できる。
・夜、寝る一時間前くらいから、照明をだんだん暗くし、興奮を落ち着け、睡眠の時間が、視覚的にもわかるよう習慣化する。

親や保育者も、少し休息、リラックスできるよう、音楽、照明などの力を活用します。

こどもの脳の急激な成長期であるため、脳の興奮をやわらげる練習、クラシック音楽などでクールダウン、リラックスする経験ができるよう意識します。

親も、こどもと同時に、心よさ、落ち着いた気持ち・空間を味わえる瞬間（時間）をもつようにします。

1歳半ごろ

総論● 愛着の芽のすくすく成長期

こどもの成長とともに、親の生活も変化していきます。このころには、仕事に復帰する母親も多くなります。それに伴ってライフワークバランスが切実になります。子育てをしながら、仕事でのパフォーマンスを向上させようとすると葛藤が生じるかもしれません。

今までとは違う自分を認めることは苦しいですが、およそ10キログラム（わが子の体重）の宝物をずっと背負いながら、今までとは同じスピードで走ることは不可能だと、自分を許容してあげることも新たな挑戦です。スピードダウンは、敗北ではないのです。状況に応じた適応能力、柔軟なセンスを磨くことも長いワーキングマザー人生に必要なスキルです。

また保育所への通所が始まっている場合には、担任の先生との情報交換、連携をまめにすることで、こどもの様子を、家での状態と合わせて多面的に把握できるかもしれません。

集団生活で、お友だちとのトラブルに心が痛むこともあります。最初からうまく関係性を築くことはできません。練習中、初心者マークなのです。きっと、だんだん上手に自己主張や譲ることができるようになると信じましょう。時間はかかって当然ですし、ほかのお子さんとの比較は禁物です。もしも夫が、よその奥さんと自分を比較しダメ出しをしたら、きっと激怒するでしょうが、わが子にはいとも簡単に、それをしてしまうものです。せっかくなので、幸せを感じる比較、半年前のわが子と、今のわが子を比べ成長を喜びましょう。

一方で、こどもとともに時間を過ごすことを選ぶ母親もいます。運動能力、探索能力、好奇心、愛着欲求の高いわが子と、一日、二人きりで長い時間を過ごすのは、エネルギーをかなり消耗します。加えて、家事をこなしながら、怪我をしないように見守っていくのは至難の業です。ほかにも、この時期のこどもに、なにを教えたらよいのか、どんなことを体験させて時間を過ごせばよいのか、どんな生活カリキュラムを立てたらよいのかなど、母親は頭をフル回転させ、不安も高くなるかもしれません。こどもを導く責任が自分だけにあると思うと押しつぶされる気持ちになるかもしれません。

そのようなときは、「こどもは村中でみんなで育てる」（アフリカのことわざ）を思い起こしてほしいと思います。村の社会資源、環境を活用するのです。

「私が育てなければ」から、一緒に子育てに力を貸してもらえる場所、人、ものなどを発見していきましょう。この公園や遊歩道をベビーカーで押して歩くと機嫌が良い、○○さんには泣かずに抱っこされる、このおもちゃは大好き、少しだけなら一人で遊べるなど、母親目線で発見できた「わが子のお気に入り」を蓄積していくのです。

「村」を活用するコツは、こどものコントロール力を育むための支援を、親だけでなく、地域資源を利用するというイメージです。あくまで、家族が主体、「村」は補助的な役割です。資源活用のコントロールは、親自身がすること、資源にわが子を丸投げしないようにしましょう。資源との適切な距離感、すべての情報を鵜呑みにしないこと、わが子、親、「村」との三者の関係が滑らかで、ゆるい関係性でつながることが大切です。

自我の発達とともに、かかわりに難しさも生じますが、それは成長の証です。近すぎると、成長が見えにくくなるものです。客観的で建設的な言葉をかけてくれる協力者を探しましょう。

昨年春から今年、コロナ禍で外出が制限される中、余計につながりや安心感が築きにくくなっています。お住まいの地域、市町村が、助産師さん、保健師さんによるオンライン育児相談などを行っているなどの情報を探してみましょう。母親にとって、自宅以外で、こどもと一緒に安心できる物理的・心理的居場所、つながりが必要なのです。「村」は意外にも、近くにあるかもしれません。補給路を見つけるまで、あきらめないでくださいね。

みつきちゃんの気持ち

これはわたしのおもちゃ

あ〜
あ〜
みつきちゃん 1歳6ヶ月
保育園に入園してから5ヶ月
ピロリロリン
だんだん保育園にも慣れてきました——
みつきちゃん楽しそうだね
新任のあや先生
こーこー
うんうん これ おもしろいね
あ えみ先生 今行きます！
トコ
トコ
ガシッ

やーー!!
しょぼん…
トコ
トコ
うーー
チュン…
チチチチ…
ほわ〜〜〜
チュン
チュン…

ピロン
ピロン
らめー!!
ギャウーッ
たっくん!
みつきちゃん!

あや先生の気持ち
たっくんに噛みつくほど一生懸命だったみつきちゃん　どうしたらいいのかな？
あーん
あーん
たっくん大丈夫？
みつきちゃんはたっくんがおもちゃをさわって
いやだったのね
はぁ…
あや先生お疲れ様
コーヒー飲まない？
ありがとうございます
えみ先生…
なにかあった？
あの！アドバイスいただけますか？
そう
そんなことがあったの…
みつきちゃん普段はやさしいのに噛みついてまでおもちゃを取り戻そうとするなんて…
う～
それにみつきちゃんたっくんからおもちゃを取り戻してもぜんぜんうれしそうじゃなかったんです…
すごく必死そうで…

次もあんなことが
あったら
どんな対応
したらいいか…
あや先生が
頭ごなしに
叱らなかったのは
よかったと思うわ
こどもたちが
大好きを見つけて
それをだいじに
思う気持ちは
成長にとっても
大切だと思うの
だいじなものが
自分だけの
ものではないこと
友だちとシェアする
楽しさがわかるには
もう少し
発達段階が
進まないと
難しいからね
こどもたちを
しっかりと
観察して
こどもの気持ちを
言葉で
代弁することを
続けてみて
こどもの
行動には
ちゃんと
訳があると
こどもたちが
教えて
くれるから

あや先生の対応

お気に入りのおもちゃができたことは成長の証

それからもみつきちゃんのお気に入りのおもちゃの取りあいは何度かありました
そのたびにまず静かにみつきちゃんに声をかけて
みつきちゃんのだいじだいじなんだね
たっくんも遊びたいんだって
お友だちも遊びたいこと
たっくんがみつきちゃんを邪魔しにくる存在ではないことを
繰り返し伝えました
たっくんにも
ほかのおもちゃもあるよ
ちょっと待とうか
と気づかせて視野を広げました
みつきちゃんには
どうぞ
じゅんばん じゅんばん
ゆずることや交代して遊ぶルールを辛抱強く伝えました
すぐにはうまくいきませんゆっくりゆっくり

解説

自立の芽生え、愛着の成長をじっくり観察しよう

この時期は、自力歩行により自由に動き回るなど運動発達も急速に進む時期です。そこで、いろいろ探索しながら、面白そうなものを発見し、それを繰り返し楽しむことができるようになります。もちろん、お気に入りの人やものが定着するなど、意思もかなりはっきりしてきます。そこで養育してくれる保護者、保育者との愛着関係の深まりに加え、テリトリーのようにそこに侵入してくる人やものに対する激しい感情や抵抗も生じます。

それが、みつきちゃんがお気に入りのおもちゃを発見し、それで繰り返し遊んでワクワクできること、おもちゃをだいじに思う気持ち（おもちゃへの愛着形成）の成長、反面、せっかく遊んでいるときに邪魔をされる、あるいは邪魔をされたと感じると悲しくなって攻撃してしまうなど、愛着を阻害される因子への攻撃行動に現れることがあります。つまり、おもちゃと自分の仲良しの関係性を必死に守るための行動ともいえます。おもちゃをだいじに思う気持ち（おもちゃへの愛着形成）は、自分を大切にしてくれる「特定の人」との関係を意識すれば、独占、排他という気持ちが必要なくなります。このようにものを大切にしようとする気持ちが芽生えてきたときこそが、改めて、「特定の人」との愛着のきずなを確かめるチャンスなのです。

おもちゃも生きていると思うアニミズム思考の時期で、自分とおもちゃの関係性は未分化であり、自分とお気に入りのおもちゃは一体化しています。家のおもちゃは自分だけで独占してもよいのですが、園での生活で公共のものは共有するという場所によるルールの変更などの複雑な概念はまだ形成されていません。さらに「お友だちにおもちゃを貸してあげると、お友だちが喜ぶから貸してあげる」など他者への承認欲求などによる行動制御はできません。意地悪や欲張りで貸さないのではなく、だいじだから貸せないのです。大人もだいじなものは、簡単に貸すことはできません。だいじなものでも、それを「自分と同じようにだいじにしてくれる仲間とシェアするとうれしい、楽しい」ことがわかるためには、集団遊びの楽しさを味わい、仲間意識の形成が必要なので、もう少し時間がかかります。

人とかかわることの楽しさを育てるためには、楽しい気持ちを共有できる「特定の人」が必要です。愛着形成の対象（「特定の人」）との関係を、しっかり意識することが大切なのです。その関係性を意識しながら、集団に参加することで関係性が広がり、楽しさを味わう基礎となるのです。こうした集団遊びの楽しさ、仲間意識は、集団に参加すれば誰でも自然にできていくのではありません。愛着の対象である「特定の人」との関係性を媒介に、育まれていくことに留意してください。

えみ先生の「こどもが教えてくれる、観察してみて」は金言です。こどもが与えてくれているヒントやサインのすべてを読み取ることはできません。けれども、一瞬見せた表情の理由を、少し立ち止まって考えることに新しい指導や支援のヒントが隠されているかもしれません。それを見つけるのが醍醐味のベテラン保育者もおられることでしょう。しかしこれは、ベテラン、熟達者でなければ気づかないことではありません。こどもの立場に立って、「この子はいつ、どのような場合にその行動をしたのか？」と振り返ると、「この行動でなにを表そうとしたのか？」が見えてきます。こどもの行動の理由を探るとき、「なぜしたのか」と問うのではなく、「いつしたのか」を問うとその理由が見えてくるのです。

また親や保育者は、こどもに叩かれたり、噛まれたり、頭突きされたときに、つい「イターッ（痛ーっ）」などの声が思わず出てしまうことがあります。すると、すべてが遊び、勉強であるこどもたちは、その反応が面白くて、何度も大人や周囲の人を叩き（思いっきりぶつかると面白い声がするなど）反応を実験することがあります。望ましくない行動が繰り返されるときに、静かな声で、近くから、穏やかに「ガブ（噛みつくこと）しなくても大丈夫、わかったよ」と淡々と伝え、興奮がおさまるまで背中を静かにさするなどの対応の工夫を、ぜひ心の余裕のあるときには試してください。ただし、望ましくないと大人が捉える行動は、一回教えたら、やめられた、身についた、改善したなどのような即効の魔法はありません。愛着形成が、即席ではないように、コツコツ、ユルユル、こどもの育つ力に働きかけましょう。

かかわりのポイント

わが子は世界中でただ一人。こどもの個性を認める

成長発達が著しい時期です。時には、一日単位で（「昨日はできなかったことが、今日はできるようになる」など）、わが子の生命力の強さに感動し、驚き、圧倒されます。なにになにでも興味津々、こだわり、繰り返し熱心に練習します。表情も豊かになり、ユニークな写真も増えます。運動面では、階段など少し段差のあるところによじ登ることにも興味が出て、大人の支えで、バランスをとりながらチャレンジします。喜びもありますが、目が離せず、親や保育者は怪我の心配も絶えません。見て理解する力も発達し、言葉数も増え、遊びも活発になります。ただし、個人差があるので、ほかのお子さんとは比べないでください。わが子は唯一無二の存在、みんな違って、みんな輝くいのちです。

成長を促す遊びの例

人や、ものの名前を教える ― 発話を促す、日常動作に言葉を添える
「一本橋こちょこちょ」、砂遊び ― 皮膚感覚、身体感覚への刺激
押す、引っ張るなどの調節運動 ― 反復運動による筋力アップ
ブロック、積み木遊び ― 手指の巧緻《こうちせい》性を高める

外遊び、お散歩　—　日光刺激への慣れ、骨を丈夫にする
お風呂遊び、ジョウロで水まき　—　お湯、水の感覚を楽しむ
音楽、歌、ダンス　—　歌を聞く、一緒に歌う、リズム感の体得

ワンポイントアドバイス

・なぐり描きを楽しめるようになる時期。「ぐるぐるー（円、螺旋を描くイメージ）」、「ビューー（直線を描く）」など、動きに言葉を合わせ、最初のころは大人が、手を添えて描く。筆圧調整がいらない画材として、お風呂場で使えるクレヨン、水で描けるペンなども活用。表現する楽しさを味わい、大人と共有する。
・繰り返しの言葉を多用し、語りかける。「ワンワン」、「ニャーニャー」、「ブーブー」
・人には名前があり、呼びかけると反応があることがわかってくる。「パパ」、「てんてい（先生）」、自分の名前を呼ばれたときに「はーい」などと手をあげることができる。
・気に入らないと怒るなど、喜怒哀楽などの感情表現が豊かになる。
・自分が発見したものを、指を指して教えてくれるようになる。大人はその指の先を目で追い、「ワンワンね、大きいね」など、見えているであろうものを（本人の指差したものと、大人が返した言葉が違っていたとしても）一緒に見て確認することが大切。

運動能力もアップし、独り歩きができるようになると、大人の手を振りほどき、かけ出して迷子になる時期です。目が離せなくなるため、気疲れや体力も消耗します。ネットの子育て情報に振り回されず、親や保育者も疲れを意識したら、少しの時間でも育児を交代してくれる、

安心できる人を見つけ、相談し、一人の時間を確保して休むことでリフレッシュしましょう。

2歳半ごろ

総論●あくなきチャレンジャー期

子育て中のライフワークバランスは、正解がない永遠の未解決課題で、よその家庭でうまくいっていることが、わが家では通用しないことが多いものです。すてきな「ママタレント」さんたちの一日や、こどもとのかかわりを参考にしようと思っても、なかなかピッタリこないこともあります。それでも、少しでも有効な情報はないか、関連情報を検索しつつ、日々、奮闘し、時間に追われながら仕事や家事、家計もやりくりしている自分を大いに労《ねぎら》ってください。

「千手観音になりたい」が乳幼児を養育中のお母さんの願いです。二本の腕では足りないほど忙しいのです。もし自分が二人いたら、一人の自分は育児をし、もう一人の自分は「まず、たくさん寝たい」と切望するほど、慢性的な睡眠不足も経験しています。

加えて、最近、自己主張がはっきりし、大人のペースで動いてくれないわが子に対して、ついきつく叱ってしまうこともあります。こどもが寝たあと、寝顔を見ながら、叱ってしまった後悔をすることが増える時期です。

対人関係は、相手により影響を受け、相互関係が生じます。「親子」というパッケージで包まれると、わが子との関係性が、対人関係であることを忘れがちです。わが子であっても、別人格であり、それゆえに自分が、感情を揺さぶられる経験をしていることを自覚しましょう。思いも寄らない感情の引き出しが開き、戸惑うこともあるのです。近しい愛すべき関係性に、あるまじきことと、自分を責めないでください。罪悪感を引きずらないでください。

では、どのように、自分（親・保育者）とこどもを守ることができるでしょうか。

まず、安心・安全な生活環境を整えるよう心がけましょう。乳幼児の生活する家庭（保育環境）は、今までとは違う安全環境の整備、モデルチェンジが必要です。

独身時代、夫婦だけの生活では、雑貨、観葉植物などで装飾された住環境だったかもしれません。ところが、乳幼児の安全な環境を優先するなら、おしゃれで居心地の良いインテリアにやや改良を加え、子育て仕様にカスタマイズが求められます。産前から産後の激動期に、それを一人で行うのは、至難の技です。ぜひ家族の協力を得ましょう。

赤ちゃんに「安全でないもの、触られたらいやなもの、壊れるもの」を、夫婦でピックアップし、しばらくの期間、こどもの手の届かない場所に工夫して収納することがおすすめです。

「危ない！」、「やめて！」、「だめ！」と、こどもの安全を後追いし、注意してヘトヘトになることを、少しでも軽減できるかもしれません。育児の最優先事項は、家族全員の安心・安全な環境づくりです。シンプルにするだけで、叱る回数が減ることがあります。

また、育児時間は、こども中心に過ぎ、自分の計画や予定は達成できないことも多く、そのことが自己嫌悪につながります。そのようなとき、毎日、「やりたいことリスト」を作成し、トップ項目が達成できたら、ＯＫサインを出してください。こどもとの生活は、一人で計画や予定がサクサクこなせていた状態とは大きく変化しています。つらいことですが、以前と同じではないことを認めましょう。さらに感情を書き出すことは、自分の感情を客観的に見つめる助けになります。自分がむやみに激怒したわけではないことに気づき、自分を許す助けになります。「自分にやさしく」は、千手観音ではないお母さんへのエールです。

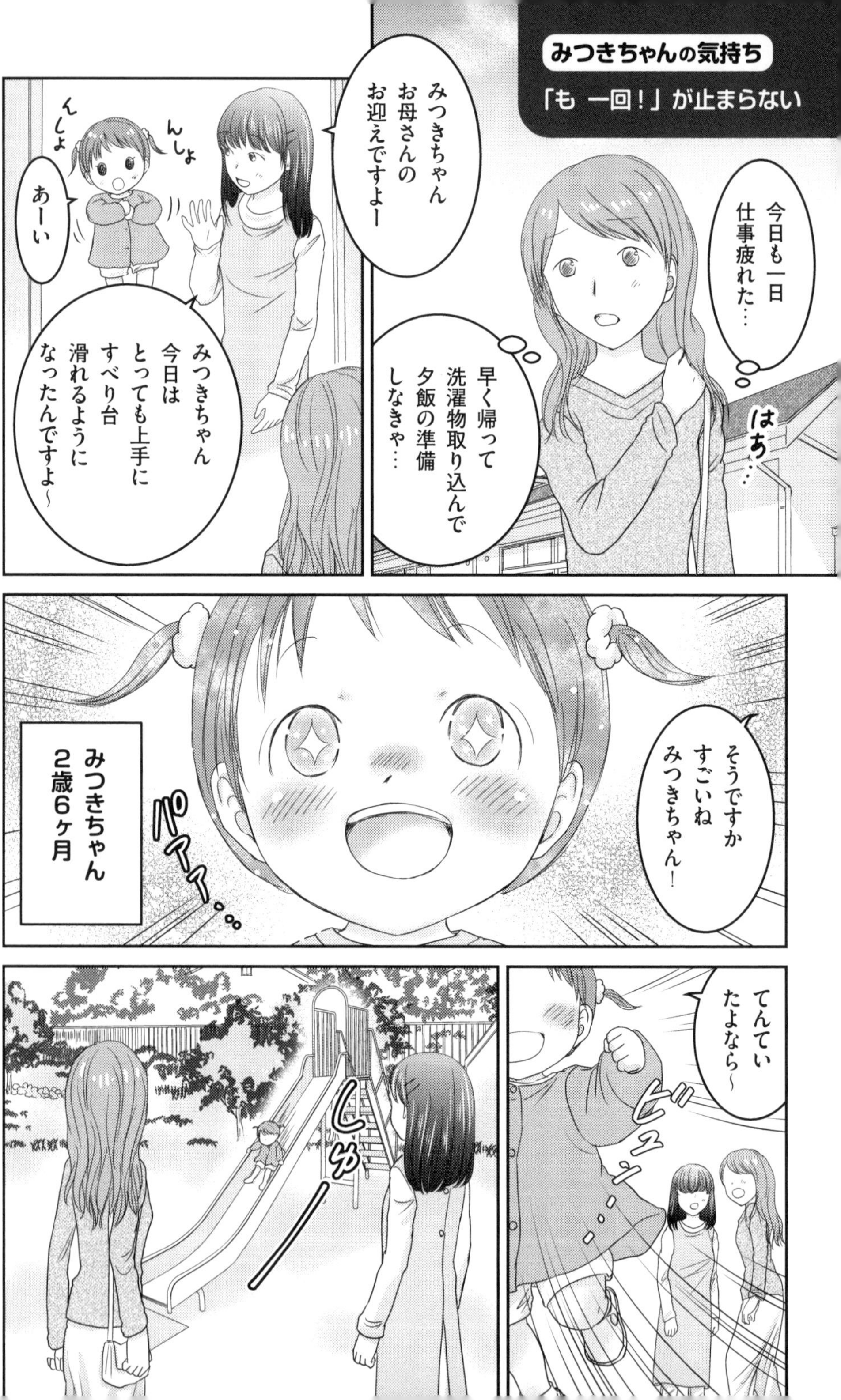
みつきちゃんの気持ち
「も 一回！」が止まらない
今日も一日
仕事疲れた…
早く帰って
洗濯物取り込んで
夕飯の準備
しなきゃ…
はあ…
みつきちゃん
お母さんの
お迎えですよー
んしょ
んしょ
あーい
みつきちゃん
今日は
とっても上手に
すべり台
滑れるように
なったんですよ～
そうですか
すごいね
みつきちゃん！
パァァ…
みつきちゃん
2歳6ヶ月
てんてい
たよなら～
ビューン
しゅーー

決め！
わぁ！びっくり！みつきちゃん このあいだまでは怖がってたのに！
すごいな！
さ 帰ろうか
パタ
パタ
パタ
も一回
しゃ
も一回
しゃー
さっきも「も一回」したよね
いや！も一回！
何回続くの!?

お母さんの気持ち
明日もこんなふうだったら
どうしたらいいのかな？
ぐったり…
疲れた… 家に帰ったら 真っ暗だし 洗濯物 外で冷たく なってるし
明日のお迎えのときも こんなふうだったら どうしよう…
でもみつきちゃん この前公園で 怖がって すごくゆっくり だったのに…
おそるおそる
今日は あんなに速く 滑れてすごい…
あ！
ガバッ
今日 できるように なったから！
それがうれしくて できることを私に 教えてくれたんだわ！
そうと わかれば…
せっ せっ
明日の帰りが 遅くなっても いいように
あれママ？ もう明日の 夕飯の準備？
パパ！ お願いが あるの！

お父さんとお母さんの対応

いっしょに「も 一回！」

きゃーーっ
きゃーーっ
パパ!! も一回 も一回!!
やっぱり
パパにも
来てもらって
よかった…

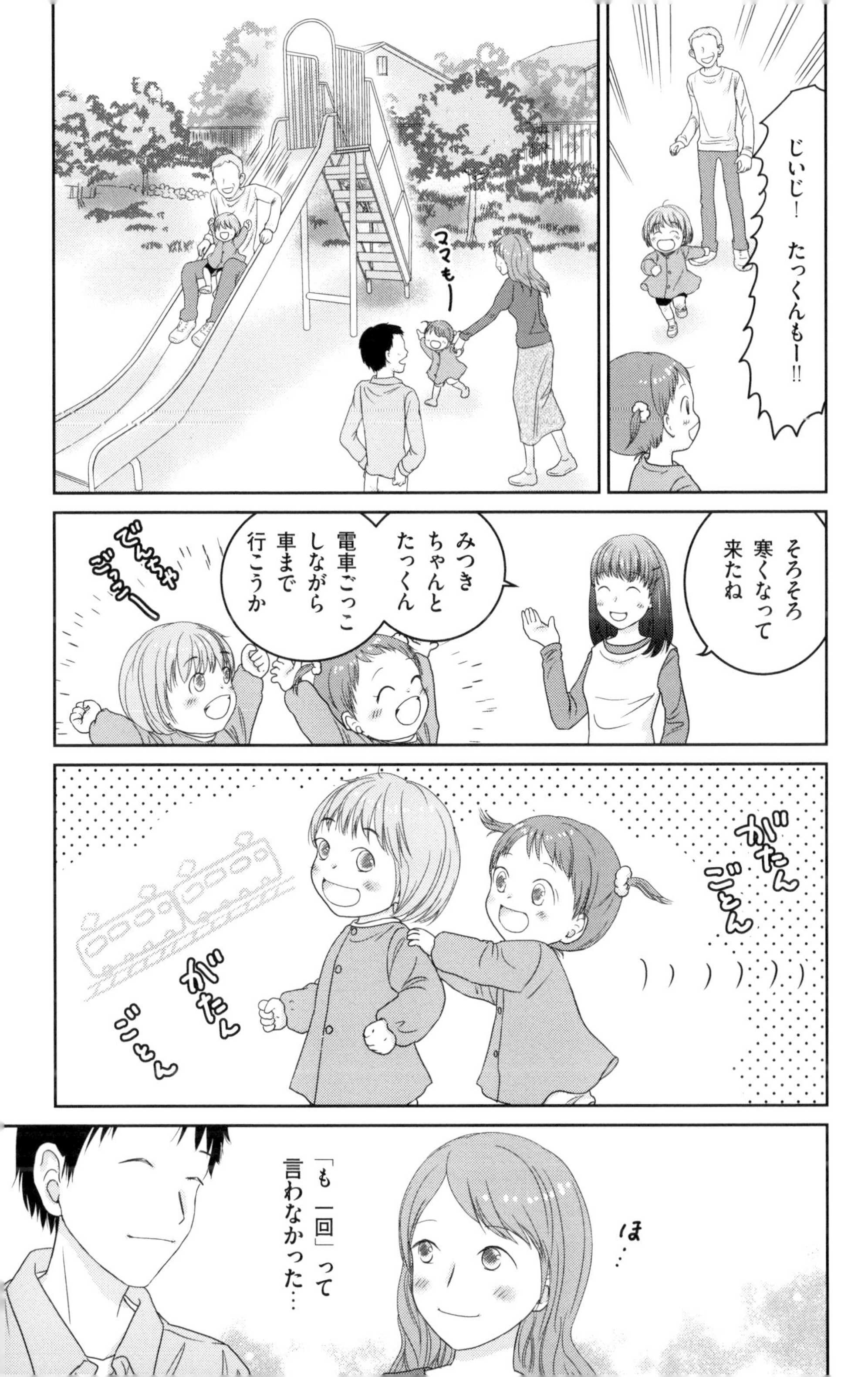
じいじ！　たっくんもー!!
ママもー
そろそろ寒くなって来たね
みつきちゃんとたっくん電車ごっこしながら車まで行こうか
でんしゃごっこー
がたんごとん
がたんごとん
「も一回」って言わなかった…
ほ…

解説

最近接期の安全基地でエネルギー補給

この時期には、身のまわりの人やものに名前があり、それを用いて呼びかけたり、要求を伝えると叶えてもらえるなどの経験が増えます。目で見た情報の処理が上手になり、比較してどちらが大きいか、長いかなどの概念が育ちます。しっかり見比べて、大きなケーキを自分のために「こっち」と選び、大人をびっくりさせるかもしれませんね。ただし数概念（「1」と、一個のような一対一対応を含む）がわかってくるのはもう少しあと、3歳過ぎころからです。ですから、みつきちゃんの「も（う）一回」の言葉は、実際の数、回数とは一致していません。

しかし親や保育者は、時折、口が達者になってきたわが子や、園児がうれしくもありながら、聞こえてくる言葉に振り回されてしまうことがあります。「『もう一回』って言いながら何回するの？」と思ってしまう場合です。そのようなときに、イライラして、関係性が煮つまってしまいます。

「発達の最近接領域」、耳にしたことがある方もいらっしゃることでしょう。やさしくいうと、こどもの伸びしろ、どんな働きかけやどんな声かけがあると、こどもたちはできること、能力を増やすことができるのか、発達に教育が参与することで生じる変化について述べています。

みつきちゃんのお母さんは、みつきちゃんがすべり台を何度も滑る反復行動に長く時間をかけて付き合いながら、もしかしたら、今が、みつきちゃんの「伸び時」なのではないか、と発見することができました。そういえば9ヶ月時のお皿のポイ捨てのときも、お母さんはよく観察して、かかわり方をお父さんにも相談し協力を得ながら対処しました。

繰り返しの行動に対して、あきらめることなく、応答してくれる人との楽しい体験は、何事にも代えがたい、愛着形成の基盤です。反復活動は繰り返しに見えて、単なる同じことの繰り返しではないのです。もう一度、同じことをすること、それを見守り、そのときの気持ちを「よかったね！」と受け止めて返してくれる「特定の人」との関係性を、毎回、「そうじゃなかったらどうしよう」、「そうだったらいいのに」と不安や期待を抱きながら、今回もそうだったと確認する行為なのです。その期待が期待したとおりに実現することが「安心」という気持ちにつながるのです。「もういい加減にしなさい！」と途中で打ち切られ、期待どおりにいかないと、期待が裏切られた「落胆」だけではなく、この人は次も期待を叶えてくれないかもしれないという「不安」という気持ちを生じさせ、それが増幅されます。その結果、愛着障害のこどもでは、自分の欲求を認められても、「もっとして！」と欲求がエスカレートする「愛情欲求エスカレート現象」として現れるのです。

伸び時を、うまく発見してもらえたこと、加えて、一緒に楽しさをお父さんやお母さん、たっくんのおじいちゃん、そして、あや先生とも共有できたみつきちゃんは、人生の中でかけがえのない貴重な愛着体験をまた一つ重ねました。

愛着の安心基地があることで、こどもは新しいことにチャレンジすること、意欲、やる気などを育むことが可能になります。安心基地には、ポジティブな感情を生じさせる「いい気持ち」がたっぷり溜まっているので、エネルギー補給をしてくれているのです。そして、不安になったときには何度も「いい気持ち」を確かめるために戻って、再び一歩を踏み出せる基地なのです。

かかわりのポイント

自我意識の芽を上手に観察

運動能力も向上し、小さい幅の階段から、飛び降りジャンプにも挑戦します。階段を上るときには、片足を前に、後足が追いつき、両足を揃えての繰り返しです。手すりにつかまり、自らバランスをとって一歩一歩登ることができるようになったりします。降りることは、高低差が恐ろしく、お尻を着きながら挑戦する場合もあります。練習効果により、体幹バランスも整ってくるころです。運動面の発達が著しく、社会面では、好奇心の芽生え、観察力、場や人に応じた発言（質問）や行動などで、積極的に大人にかかわることを好みます。自我意識が明確化し、感情表現も豊かになるため、親や保育者も感情を揺さぶられる場面が増えます。

成長を促す遊びの例

質問に対応する、簡潔に答える　―　応答的関係の促進、好奇心の育成
小麦粉粘土（小麦粉アレルギーに注意）　―　皮膚感覚への刺激、形状の変化の観察
階段の昇降、トランポリン、すべり台　―　体幹バランスの発達促進
ブロック、積み木遊び　―　大きい、小さいなどの概念育成
外遊び、お散歩　―　周囲の観察、発見、知的好奇心の刺激、外気に触れる
お風呂、プール遊び　―　お湯、水の感覚を楽しむ

音楽、歌、ダンス ── 音感への刺激、お気に入りの反復練習

ワンポイントアドバイス

・直線、丸（円）のような形を描こうと挑戦する時期。上手に描けなくてもたくさん練習させ、描き心地、筆圧を体験する時期。本人の好きな画材（サインペン、クレヨン、または大人の真似で、ボールペンなどを持ちたがることがある）で、安全面に配慮して挑戦を助ける。

・大人の真似の発話が増え、会話のやりとりが増える。「ママったらあ」、「早くしてよー」「なんていう名前？」、「なんで？」など、質問をたくさんすることも多い。応答してもらえることを望んでいるため、質問に正確に回答することではなく、「○○という名前のお花だよ」、「不思議だね」など簡潔に共感の言葉を添える。

・いたずらをする、相手を叩く、悪い言葉を大きな声で言うなど、相手の反応を試すことがある。多くは大人とのかかわりや、反応を楽しむものなので、その都度、大人が「いや！」、「やめて！」と反応するとそれが楽しく、望ましくない言動が強化されることがある。そのようなときは「こうしよう」、「こっちだよ」などと、注意を逸らし、親や保育者が主導権を確保し、感情面で巻き込まれないため、大切なかかわりをしながら危険から遠ざける。

自我意識が強くなり、大人の意思とは反対の言動も増えるため、親や保育者が、イライラすることも増えます。自分とは違う「意志」をもつわが子の「人格」を認めてかかわるため、保護者、保育者も、つらい気持ちを、一人で抱え込まず、複数の眼で観察するなら、こどもの行動の真意（ただ一緒に遊んでほしかっただけなど）が見えることもあります。

3歳半ごろ

総論・愛着の基礎固め期

知識が増え、言葉も流暢になりますが、まだまだ概念発達面で、途上の時期です。
たとえば、お風呂に入って、1から20まで数字を暗唱できるので、数字がわかっているのかと思えば、目の前のお菓子は、一つずつ数えることができないなど、理解にアンバランスさがあります。つまり、音声記憶として数字を暗唱できることと、数概念を理解していることとは一致していません。日常生活で体験しながら、徐々に、一対一対応（「1」と実物一個が対応している）を理解します。生活のかかわりの中で、遊びを通して教えることができます。おやつの時間に「一つあげるね」と声かけしながら、おやつを「1」つ置く、別の日には、こどもが、お菓子を分ける当番になり「2個どうぞ」など、やりとりしながら、数概念や、数を使用する便利さに親しむのもよいかもしれません。

大人の当たり前は、こどもにとって、初めてで新鮮なことばかりです。日本語では、「1」は「いち」、「ひとつ」とも表現されます。「いち」と「ひとつ」が同じことを意味するということを理解できるまでには、多様な場面で、さまざまな経験をおのずと積み重ね、概念発達を促進しているのです。

こどもにとって、すべてが新しい体験であることを覚えておきましょう。そのように理解すると、大人は、生活のいろいろな場面や状況で、こどもが新しい概念に出会うチャンスづくりを、心がけることができます。

反対言葉、「大きい－小さい」、「長い－短い」、「重い－軽い」などについても、日常で、何回も見る、聞く、触るなどの体験、言語刺激、感覚を通して学びます。

生活環境の中で、名前（自分や家族のフルネーム、年齢、性別など）を覚え、物がなんのために存在しているか（椅子は座るためのものなど）も、理解していきます。体験とその体験を見守ってくれている親や教師（保育者）の適切な言葉かけの繰り返しにより、愛着関係とともに少しずつ知識が蓄積されていきます。

どんどん知識量を増やすこの時期、意識していない大人の言動を真似するようになり、「パパだめでしょ」の口ぐせが母親そっくりで、「ドキッ」とさせられることもあります。しかし、これこそが「モデル学習」であり、反復学習よりも、ずっと効率の良い学習となり得ます。

こどものスタンダードと大人のスタンダードは異なることを、大前提として認めて、日々かかわることは、大人が気持ちを平穏にするために大切です。大人にとって、実はイライラすることでも、こどもにとっては、大人が笑ってくれることを（笑ってくれていると思うことで）、とても楽しいことに感じ、何回でも繰り返し、サービス精神を発揮しているだけなのかもしれません。

一方で、言葉の発達も、個人差があり、なかなか話さないことに悩むのも、この時期です。大人のかけた言葉に反応し、こちらの言葉を理解し、そのとおりに行動できているかどうか（「ゴミ箱にゴミをポイしてきて」など）観察しましょう。言葉の発達が、耳の聞こえや構音障害と関連ある場合もあるため、心配に感じたなら、かかりつけ医、保健師などに相談するのもよいでしょう。

こどもの発達は喜ばしいことでありながら、年齢ごとに排泄の自立などスキルを獲得するためのトレーニングもたくさんあります。保育者と相談し、親のストレスを溜め込まないことが一番大切です。「家で親が全部しなければ」の観念は、気持ちを追い詰めます。保育園で、お友だちを真似することで、スムーズにトレーニングが進むこともあります。「〇〇でなければ」は、育児で、視野狭窄《きょうさく》を引き起こします。育児は長期にわたりますから、難しいことは割り切って「お願いします」と専門家に任せることは、けっして恥ずかしいことではありません。

みつきちゃんの気持ち
うさちゃんといっしょ
みつきちゃん3歳6ヶ月 うさちゃんのぬいぐるみが お気に入り
ねんねも いっしょ
ごはんも いっしょ
みつきちゃん 保育園に 行く時間よ
車に乗って
うん
保育園に 行くときも いっしょ

保育園
着いたわよ みつきちゃん降りて
保育園に うさちゃんは 持っていけないの
うさちゃんは 車でお留守番ね
よし よし
…みつきちゃん… きいてる？
うさちゃん ねんねだよ〜
みつきちゃん うさちゃんは 置いて！
保育園 行くよ!!
ぎゃあああ
いやぁ〜〜!! うさちゃん いっしょ〜〜!!

お母さんの気持ち

たかがうさちゃん
されどうさちゃん

お母さんの対応

バイバイ　うさちゃん

お母さんはみつきちゃんの気持ちを考えてみました
なんでみつきちゃんはうさちゃんとお別れできないんだろう？ 大好きなうさちゃんを置いていくのは心配なのかな？
私だって大好きなみつきちゃんを保育園に置いていくのはさみしいものね
お迎えに来ましたー
ママ～
今日はみつきちゃんお姫様パズルをしたのよねー
でも　えみ先生がみつきちゃんをしっかり見てくれているってわかるから安心できました
みつきちゃんにとってえみ先生のようななにかを見つけてあげられないかな？
ねえ みつき ちゃん
これでうさちゃんのお留守番ベッド作らない？

お留守番ベッド？

みつきちゃんが保育園に行っている間うさちゃんが楽しくお留守番できるベッド
作る作る!!

うさちゃんはみつきちゃんがバイバイしてもご機嫌ですよって思えればみつきちゃんも安心して保育園に行けるかもしれない！

できた!!

うさちゃんはなんて言ってる？

気持ちいいよーって言ってるよ！

それじゃあ明日の朝も
うさちゃんをベッドに寝かせてお布団をかけてあげて

うさちゃんのお腹をやさしくとんとんとんとんしてあげたら
みつきちゃんの「行ってきまーす」だね
うん！
練習してみる？
うん
お別れの合図は「とんとんとん行ってきまーす」になりました
とんとんとん…
行ってきまーす！
えみ先生　おはよー
あれ？今朝は泣かなかった…
ほっ…

パターンA・えみ先生の対応
みつきちゃんがぐずっているとき
今朝のみつきちゃんは
うさちゃんとの別れがつらくて泣いています…
あ みつきちゃん
昨日楽しかったお姫様パズル続きをやろうか?
…うん…
ぐずっているときは「もの」から「もの」へ…遊びに誘う
パターンB・えみ先生の対応
みつきちゃんがご機嫌なとき
せんせい おはよー
うさちゃんをベッドに寝かせて安心
にこにこみつきちゃん
みつきちゃん先生といっしょに雲梯《うんてい》にぶら下がりに行こうか?
うん!
やってみたい!
気持ちが切り替えられたときは人と新しいことにチャレンジするチャンス

愛着の伸びしろ、伸び時を見極めよう

みつきちゃんの「いやいや」は、お母さんや教師（保育者）にとっては、大変困った行動です。

そんなとき、親として教師（保育者）として、なにも手立てを打たないでいると、みつきちゃんの不安がそのままになっていることを忘れないようにしましょう。

みつきちゃんは、どこで、どのように安心するのか、あらかじめ、あれこれと探りながら、確認し、手立てを打つなら、安心感を増やすことができるでしょう。

愛着関係を育てるには、たとえわが子であっても、親とは別人格であることを認識すること、こどもの気持ちの確認や尊重しながらかかわることの積み重ねが大切です。そのためには、事前に、みつきちゃんに少し先の見通しをつけてあげること、行動リハーサルをすることが、大切になります。事前の見通しというと、つい、時間を区切ることかな、と思ってしまうかもしれませんが、3歳児への対応では、時間の区切りによる気持ちの切り替えスイッチではなく、「ある行動をすることが、別の行動に移行するサイン」になり得ます。

みつきちゃんは、「うさちゃんを、ベッドに寝かせて、お腹とんとんとんとん」で、「行ってき

まーす」の行動に移行するスイッチを押していましたね。

次に、行動リハーサルですが、お母さんは、みつきちゃんの様子を観察し、また自分の気持ちを推察することで発見したことがありましたね。そう、うさちゃんへの気がかりが、お別れの葛藤を生んでいるかもしれない……。そこでお別れの気持ちをなだめる行動を提案します。みつきちゃんが大好きなうさちゃんのために、自分でしてあげられること――うさちゃんがお留守番できるベッド作りを提案できたのです。楽しく居心地の良いお留守番ベッドが完成したときのみつきちゃんの笑顔と満足感は想像にかたくありません。これが前日までにできる下準備となります。加えて、もう一つの行動は、お別れの儀式（サイン化）の準備です。みつきちゃんが、うさちゃんをベッドに寝かせたときに、自然と出た言葉なのかもしれませんが、普段からお母さんに気持ちよく寝かしつけてもらう心地良さを、今度はみつきちゃんが、うさちゃんにしてあげたのかもしれません。愛着の伝達行為ともいうべき行動により、ちょっぴりお姉さんになったみつきちゃんを感じ、お母さんも誇らしい笑顔になったことでしょう。

教師（保育者）として、お別れでぐずっているこどもの対応には心を痛めることもあるかと思います。

えみ先生は、みつきちゃんが泣きながら登園したときと、そうでないときの対応を変化させていました。これは愛着の伸び時、伸びる質を考慮してのことといえます。3歳児の愛着の成長は、「もの」から「もの」、そして「もの」と「ひと」、「こと」との関係で促進されます。

気持ちにゆとりがない状態で登園したみつきちゃんには、パターンAの場面で、うさちゃん（「もの」）との別れで悲しいのですから、昨日楽しく遊んだお姫様パズル（「もの」）の続きという、すでに経験したことがあり見通しがもてる安心感のあるかかわりに、刺激を与えることなく、すっと誘いました。

ところが、パターンBの場面のように、うさちゃんとの別れを乗り越えた、すっきりした気持ちのみつきちゃんに対しては、えみ先生という愛着関係の基盤としての「ひと」として、雲《うん》梯《てい》（遊具）に挑戦してみるという新しい遊び（「こと」）を体験してみるという発展した関係性に大胆に誘っています。愛着の伸び時を、見逃さない教師（保育者）としての挑戦です。これにより、みつきちゃんは「えみ先生と一緒にできたから、楽しかった」と「ひと」への愛着を体験的な新しい雲梯遊び（「こと」）と、結びつけられたのです。

ほかの園児も大勢いる中ですから、たった5分間だけでもいいのです。同僚の先生に、事前に「みつきちゃんが泣いてこなかった日は、成長のチャンスなので、二人で挑戦したいことがあります。少しだけお時間ください」と声をかけてお願いしておきます。えみ先生のお願いが認められる同僚性が育まれる職場環境でありますように。

こどもの世界を少しずつ広げる、見えない愛着関係を少しずつ、時には大胆に紡ぐチャンスとなり得ます。

それにしても、登園時に泣いてぐずる原因は、わからないことも多いものです。えみ先生は、それがどうやら「うさちゃんとのお別れが原因」だと、お母さんとのお話で推察することができました。家庭との情報共有もできないほど忙しい現場ではありますが、まだまだ言葉で表現できない、こどものあふれ出る気持ちを、親として、教師（保育者）として、行動観察と推論により「代弁」できるかもしれません。同時に、3歳児の気持ち、本人の納得できるポイントを、親と教師（保育者）が一緒に探っていくことにより、「愛着の基礎固め期」のきずなが深まります。

このように「自分の気持ちは、自分でなんとかすることができる」という情緒的な切り替えの成功体験が、それを支えてくれた大好きな「もの」、「ひと」、「こと」とつながって愛着のロープが強化されていくのはすばらしいことなのです。

かかわりのポイント

無理強いせずに、感情のコントロールを学ぶ

大好きなキャラクターができ、おもちゃやグッズを欲しがり、それを手に入れるとだいじにして遊ぶなど、「もの」への愛着も増加する時期です。その分、「これでないとダメ」とこだわりも強くなります。そのようなときの対応方法に、大人は頭を悩ませますが、実は、こども自身も感情をコントロールして気持ちよく折り合いをつけることを、日々学んでいるのです。

成長を促す遊びの例

絵本、図鑑、お話CDを聞く ― 知識量が増える喜び・楽しみ
手遊び、折り紙、粘土、塗り絵、パズル ― 目と手の協応、手指の巧緻性を高める
にらめっこ、おしくらまんじゅう ― 人とのかかわりで身体感覚を高める
吹き戻し、風船遊び、ピーピーラムネ ― 息の調節、発音の練習
スイミングなど ― 水の中での粗大運動
音楽、歌、ダンス ― 歌、ダンスを覚える、記憶力の増加

ワンポイントアドバイス

・絵本や図鑑などアナログな刺激は、自分の読みたいスピードでページをめくり、じっくり見るな

どが可能である。お話CDは、絵本とお話の読み聞かせがセットになっているため、親や保育者以外の読み聞かせを体験できる。静かな環境で、しっかり耳を澄ませて聴く、聴いて理解できる楽しさ、気持ちの静穏さを味わう。親もそばで一緒に静かに聞き、見守ることが大切。

・お友だちを意識でき、一緒に遊ぶことを楽しむ、休日に家族ぐるみなどで出かける。

・にらめっこなどで、しっかり目を合わせて、見つめ続けることで、遊びで集中力を高める。

・上手に描けないと、大人に描いてもらいたがるなどがある時期なので、失敗が気にならない簡単な塗り絵、なぞり絵などで描く楽しさ、筆圧を安定させる。洗濯バサミを二つ用意し、V字の片側を、もう一つの洗濯バサミで挟む。洗濯バサミがたくさんあれば、つなぎ方でいろいろな形を作成できるので、見立て遊びや指先の力の強化、力の調節練習となる。

・筆圧が安定しない場合、白い紙を準備し、親とこどもが向かい合って座り、それぞれ自分の手前に●（点）を描き、「よーいドン」で、お互いの●に向かって鉛筆を走らせ、途中で鉛筆がぶつかりゴールとする。最初は、短い距離で出合うようにし、徐々に距離を長くする。●は、鉛筆の先をくるくる回して描く練習、相手に向かって直線を引く練習の双方が行える。慣れたら、真ん中からスタートして「よーいドン」で、自分の●に戻る直線も練習する。手前から奥に向かって描く直線と、奥から手前に向かって描き、●で止まる練習をする。上手に描くのではなく筆圧向上を楽しく練習するのが目的（鉛筆先は目に向けないよう注意）。いろいろな相手と、また複数人で遊んでも楽しい。勝敗に重きを置かず、向上を意識してチャレンジし続け、自己成長に資する態度や気持ちが大切。

社会性が高まり、お友だちのことも気になるようになります。そのため上手、下手にもこだわり新しい挑戦に尻込みすることもあります。そのようなときには、無理強いせず、抵抗感の少ない別のジャンル、素材の遊びに誘い、ほかのことで自信を回復してから、再度挑戦を試みてください。

4歳半ごろ

総論●愛着のスイッチバック進行期

近年、幼児期に身につけておく大切な力として「非認知的能力」の大切さが指摘されています。ただしヒトは、認知による生き物といわれるほど、正確には、認知しない能力はないのです。だからこそ、「認知的能力だけではない能力」を「非認知的能力」と呼び区別しています。具体的には、生涯の支えとなる力として、「意欲、粘り強さ、自己抑制、社会性、自尊心」などがあげられています。

そして、それらの能力は、幼児期の遊びを通して、体験的に習得が可能であるといわれています。本人が興味をもつことに、とことん時間と体力を割き付き合う、親や教師（保育者）の忍耐、粘り強さ、そのものが、こどもへの非認知能力の学びにつながるといえます。

周囲の大人、親や教師（保育者）が、まず、非認知能力を日々の生活で「面白がる＝興味や意欲・関心を示し続けること」、「学びや人間関係での粘り強さ」、「感情・行動面での自己抑制」、「自己肯定感を基盤とする社会性」、「自尊心」を育むことを実践してこそ、こどもが獲得してほしい能力として伝えることが可能になります。つまり適切な自己主張ができるからこそ、自己抑制（単に我慢するのではない）が可能になり、自己肯定感があるからこそ、社会的かかわりの中で失敗しても大丈夫、と安心した関係性が築けるのです。

こどもは、言葉よりも大人の行動、振る舞い、態度から多くを学んでいるといえます。非認知能力が唱えられる今、大人も意識し、学習モデルになることが、より重要であると考えます。たとえば、昨年から今年の新型コロナウイルスの感染予防対策では、手洗いの時間が増えました。そのような日常生活の行動から、左右の概念、ボディイメージなどをさりげなく教えることができます。ていねいに手を洗いながら、指の数が5本、全部で10本であることに気づく声かけをすることもできるでしょう。結果として、清潔の習慣が感染予防につながり、社会の一員として貢献できる自尊心に寄与します。

また、鏡の前で髪を整えるとき、目、眉毛、耳が二つ、鼻、口が一つなど、しっかり自分の顔を観察し、人体の不思議に気づかせることもできます。わざわざではなく、日常の一コマ、ルーティン動作の中に、楽しみ、気づきの仕掛けを置いていくのです。

にらめっこ、変顔の親子遊びにより、相手を見て、いろいろな表情があること、自分の表情を変化するため顔の筋肉の動かし方などを練習でき、自分で鏡を見ながら表情をつくるなら、自分の表情筋について面白く学べるでしょう。その際、表情カードなども参照できます。

自分の体の幅、指を広げたときの大きさ、両手を伸ばしたときの大きさなど、ボディイメージを感覚的に知ることは、怪我の防止にもつながります。

このように、人体について認知を促進することで、自分という存在、人体への興味関心、学習の意欲向上のきっかけになります。

自分の誕生日、住所、電話番号を覚えることは、長期記憶を鍛えます（個人情報保護から、知らない人には伝えない安全教育も同時にしておきます）。

しりとりなど、法則性のある言語遊びも、語尾の一音を覚えておき、言葉の始めに置くという作業を通してワーキングメモリ（作業記憶）を高めます。

このように、遊びを通じ記憶力を高めることは、粘り強い思考力、考える楽しさも刺激します。

たとえば「不思議」や「なぜ？」の質問に答えるために、図鑑などで調べ、参照できるツールがあること、調べることで新しい知識が学べることを体験できます。また、自然の中では（木登り、雪遊びなど）、主体的感動体験が可能です。心が震える感動があるときは、表現（言語、絵画、粘土などの造形）がしたくなるものです。親子や集団での感動を共有する体験は、思い出となり人間関係を醸成します。

このように「非認知能力」の開発には、それを共感してくれる他者の存在が必要です。愛着の基盤形成の時期に、ともに時間を過ごし、体験による発見、発見の感動をさらに表現することは、かけがえのないきずなを強化します。遊びの「間」は、「時間・空間・仲間」であるといわれるように、まさにこどもを生き生きとした人間らしく育てるために、かけがえのない、しかし限りある時間の中に、共有体験できる空間と家族（集団）という仲間が必要なのです。

みつきちゃんの気持ち
床って最高！
また
みつきちゃんは
保育園
年中組担任
みちこ先生
床に
寝転んで！
ぐにゃ〜〜
床は
汚いよ！
んー
きゃっ
きゃっ
あ！
たっくんまで
真似しない！
みつきちゃん
4歳6ヶ月
4ヶ月前に
弟のそうちゃんが
生まれて
お姉さんになりました
ごろ
ごろ

お母さんの気持ち

すぐにぐにゃりと寝転ぶ
みつきちゃん、
どうしてあげたらいいかな？

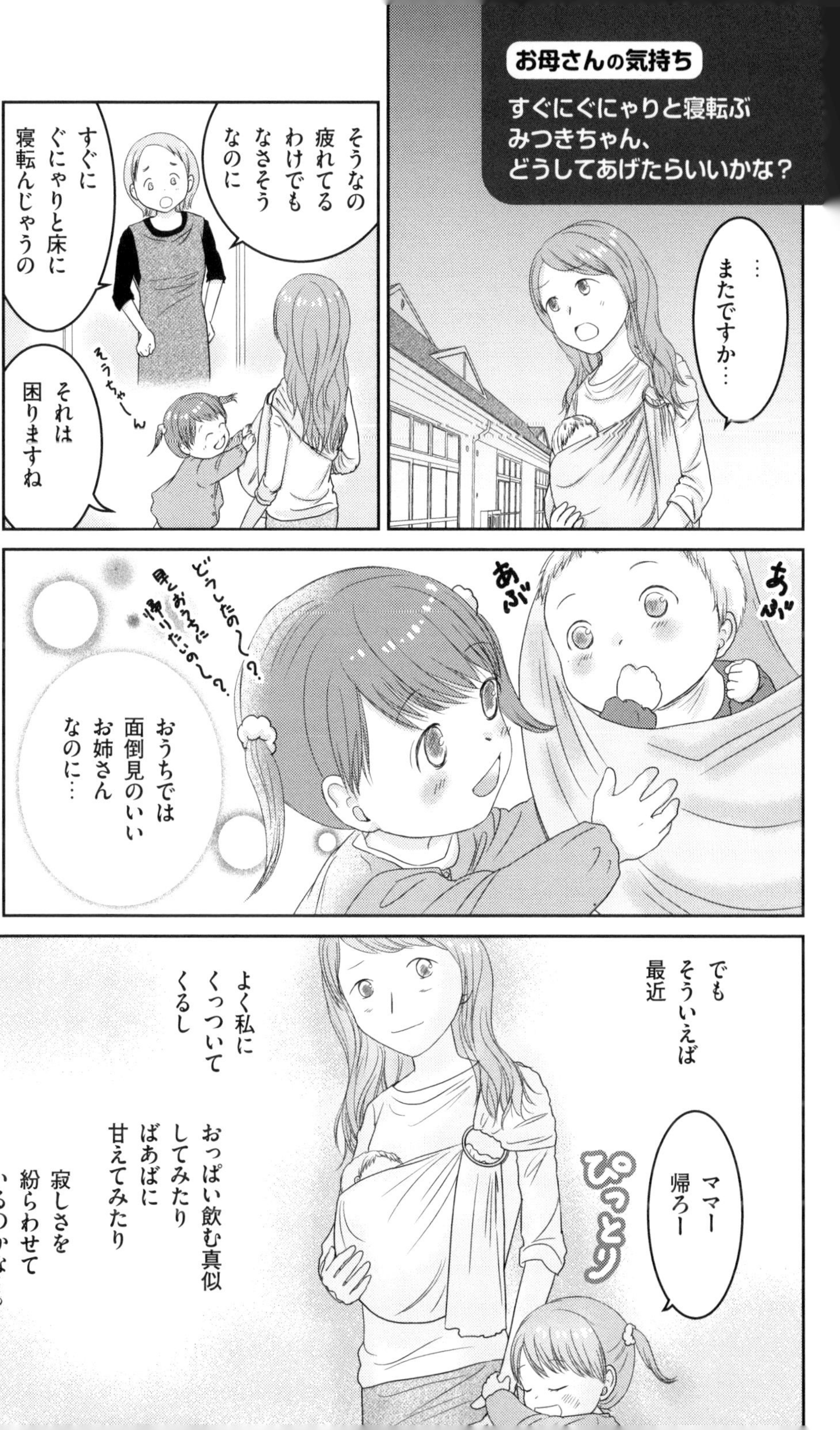
……またですか…
そうなの疲れてるわけでもなさそうなのに
すぐにぐにゃりと床に寝転んじゃうの
そうちゃ〜ん
それは困りますね
あぶ
あぶ
どうしたの〜？
早くおうちに帰りたいの〜？
おうちでは面倒見のいいお姉さんなのに…
ママー帰ろー
ぴっとり
でもそういえば最近
よく私にくっついてくるし
おっぱい飲む真似してみたりばあばに甘えてみたり
寂しさを紛らわせているのかな…？

お母さんの対応
寝るときと起きるとき
寝てもいい場所と
起きていた方がいい場所
日曜日——
みつきちゃん おはよー
ママ あれ？ そうちゃんは？
ばあばが 来て そうちゃん 見て くれてるの
みつきちゃん ママと イモムシさんごっこ しない？
みつきちゃんの 大好きな 虫さんの真似
できる かな〜？
ちょうちょ
いもむし
できるー!!

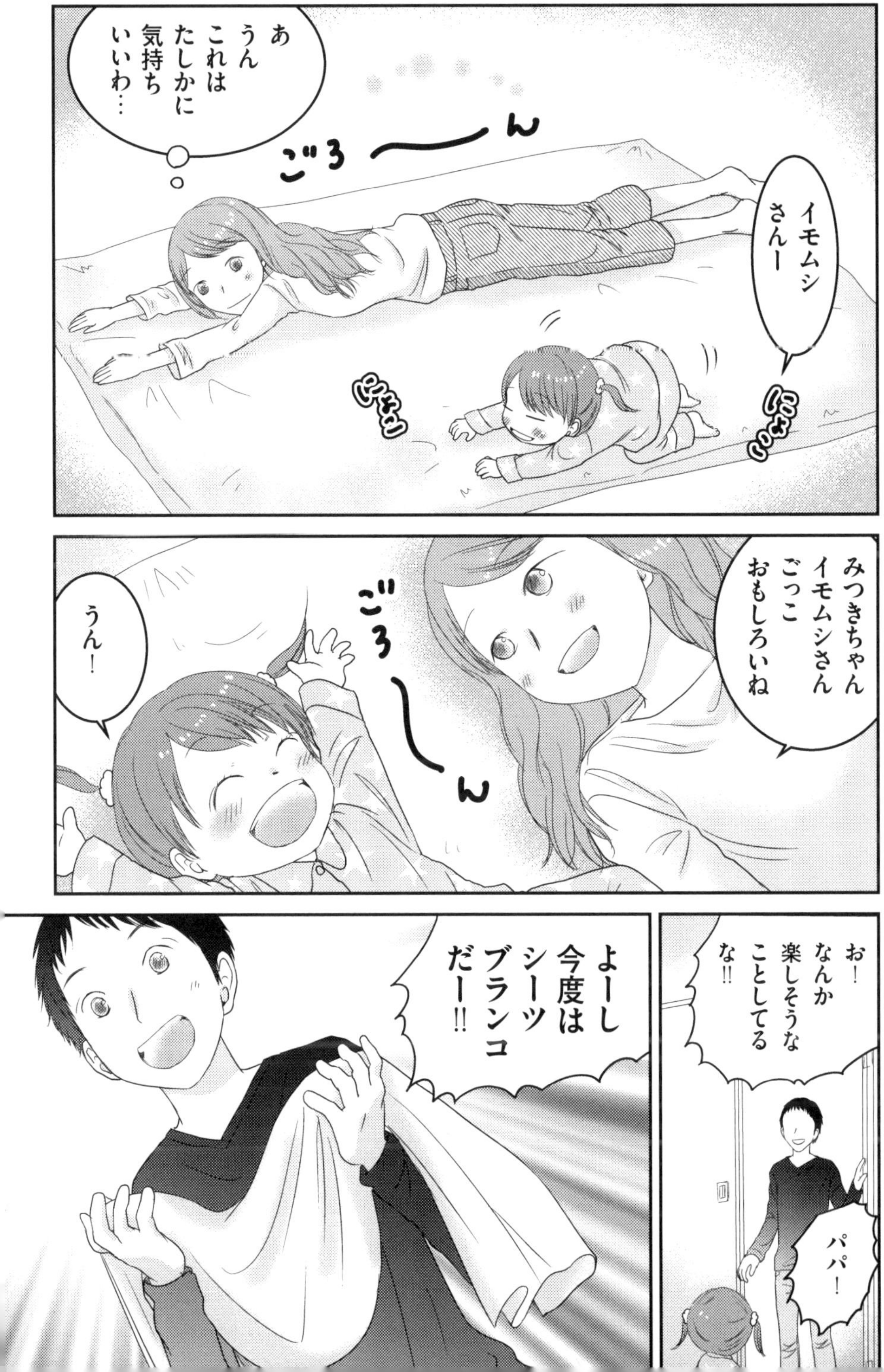
イモムシさんー
にょこ
ごろ〜〜ん
にょこ
あ
うん
これは
たしかに
気持ち
いいわ…
みつきちゃん
イモムシさん
ごっこ
おもしろいね
ごろ〜ん
うん！
お！
なんか
楽しそうな
ことしてる
な!!
パパ！
よーし
今度は
シーツ
ブランコ
だー!!

ひとりのぞうさん
くもの巣に
かかって遊んで
おりました
あんまりゆかいに
なったので
もひとりおいでと
よびました
♪
きゃ〜
ママー!!
そういえば
みつきちゃんが
私たち二人を
独占できたの
久しぶりかも…
パパも
くっつくぞー
きゃ〜
ちょっと
ばあばと
そうちゃん
見てくるね
楽しかった〜
また
シーツブランコ
やりたい〜
…てゆーか!!

うん やりたいな
ごろん…
でも シーツブランコは ママとパパと 二人いないと できないんだよな
ママしか いないときは どうしよう…
うーん
あ イモムシさん ごっこに しと こうか？
いいね！
だけど みつきちゃん 保育園でも イモムシさんに なる？
おうちで やった方が 楽しくない？
パパは また みつきちゃんと やりたいな
うん！ おうちで やる方が いい！
みつきちゃん 最近 床に 寝転ばなく なったね

行動の広がりと失敗時に機能する安全基地

人生の中で喜ばしいことは、実はストレスであったりします。大人もそうであるように、こどもにとっても同様です。弟の誕生は、みつきちゃんにとって、とてもうれしいことでありながら、日常生活のリズムや人間関係が激変し、気づかないうちにストレスとなり、こどもの場合は自覚をもたないまま、また変化から少し遅れた時期に別の行動として現れることがあります。お母さんは、みつきちゃんの変化を「なんだか気がつくと、私の体のどこかにくっついていたり、おっぱいを飲む真似をしてみたり、弟が生まれたことで、赤ちゃん返りをしているのかな。最近、私よりもばあばに甘えてみたりしているのも、もしかしたら寂しさを紛らわせているのかも」と気づくことができました。

大好きな弟、そうちゃんであっても、家族の愛を独り占めしてきたみつきちゃんにとっては、ライバルです。それで以前より多めに「あなたがだいじ」というメッセージが必要なのです。きょうだいの誕生、家族の変化が生じる時期には、前後半年ほどのこどもの変化をゆるやかに見守りましょう。とくに愛着の再確認が必要な時期といえます。こどもの不安定さは、一見すると後退のようですが、愛着関係をより強固にする好機です。木を切り戻す（剪定）と、新芽が元気に芽吹くように、また急な斜面をスイッチバック走行で進むことで、より着実に進めるように、この時期を確固としたものにします。

4歳半のこの時期は、さまざまな概念の発達が著しく、五感からの情報を統合し、家庭や園での人間関係などを読み取るなど社会的な理解も進みます。ある程度の論理的な説明も通じるようになります。けれども実際には「わかってはいるけれどもやめられない」アンビバレント（反対の気持ちを同時にもつ相反感情）な時期でもあります。たとえ行動面では失敗したとしても、頭で、わかっていること、納得していることは底力になります。お父さんは、みつきちゃんの底力を信じて、きちんと話し合っています。そして「みつきちゃん、教えて、どうする？」と本人に考えさせ、意見を聞き、選択させました。望ましいかたちでの退行（赤ちゃん返り）を安心・安全な環境で受容すること、ほっとした気持ち、気持ちよさ、快適な感情は、スポンジのように柔らかなこどものレジリエンスを回復させます。社会に出ていくほど、こどもたちは不安や失敗、意見の違い、叱責などの経験を増します。そのようなときに安全基地に戻り、「大丈夫」というメッセージを受け取り、また安心基地で気持ちをふっくらと回復させ、新たな探索へと再出発することができます。急激な変化が現れない場合でも、あきらめずに楽しく、しばらくかかわり続けましょう。

実は大人も、無意識に安全基地への避難、安心基地での回復、そしてまた探索にチャレンジすることを反復しながら生産活動、生活者として歩んでいます。切り戻し（剪定）、スイッチバックを恐れず、何度でも支え合える関係性が、家庭や信頼できる人（あるいは「もの」や「こと」）と味わうことができることを望みます。

このようなかかわりでは、お父さんがしたように、「特定の人」とのかかわりの中で、安全・安心基地の大切さに気づくという経験が有意義です。愛着障害のこどもの支援で、教師（保育者）が「特定の人」になり、安全・安心基地の形成、確認をしたあと、親にかかわりをバトンタッチする方法でスムーズな支援、成功につながることがあります。愛着形成の過程で、親だけに責任を押しつけたり追い詰めたりせず、教師（保育者）が積極的にかかわることにより、こどもに安全・安心の感覚が増えることで、親子関係が改善することがあり得ます。

さらにみつきちゃんのお父さんは、みつきちゃんの求めより先に、お父さんから声をかけかかわりました。これに大きな意味があります。愛着障害のこどもとのかかわりでは、こどもの求めに応じて、それに応える対応をすればするほど、こどもの欲求がエスカレートする「愛情欲求エスカレート現象」がよく見られるのです。愛着の支援で大切なコツは、求めに応じる「後手」の支援ではなく、こちらから安心・安全に誘う「先手」の支援を意識することなのです。

かかわりのポイント

世界が広がるこどもの個性と多様性を楽しんで

知的・情緒面での発達が著しく、言語的にも複雑な表現が可能になります。さまざまな概念を理解して世界が広がる一方、まだまだ幼さや甘えたい気持ちもいっぱいです。生意気な言動に振り回されず、こどもはなにを感じてその表現をしているのか、言動の背景について、膝を曲げ屈み、こどもの目線で探ることが必要かもしれません。きょうだいが増える、引っ越しなど家族関係、環境の変化も、情緒面で大きな影響となり得るため、周囲が配慮して支えましょう。

成長を促す遊びの例

安全について教える ― 防災、性教育などの知識をわかりやすい言葉で伝える
ダイラタンシー作成などの実験 ― 物質の変化・不思議の触感体験
縄跳び、バランスボール ― 協調運動、体幹バランスの向上
お手玉、あやとり、ビーズ通し ― 手指の巧緻性を高める
図鑑を手に季節の観察、お散歩 ― 四季の自然観察、見つけたものを調べる、軽い有酸素運動
じゃんけん、カルタ、トランプ ― ルールを守ってお友だちと遊ぶ
ペットボトルボーリング、かくれんぼ ― 順番を守る、身体調節、静かに待つ

ワンポイントアドバイス

・徐々に利き手が定まり、書く楽しさ、文字への興味が出る。個人差が大きいため、比較しないことが大切。(例)祖父母からの手紙に文字が並んでいることを見せ、なんて書いてあるのかがわかるなど。「文字が便利なもの」であることを、意識できるようにしていく。
・難しい言葉を使いたがり、使用方法に間違いもあるが、細かく正さず、話す楽しさを優先する。
・目の前にないもの、見えない、触れないけれども存在するものについても興味が増し、理解が広がる。(例)空気、風、地震など。
・自分の性別に興味をもつようになる時期であり、安全教育のためにも「水着で隠れるところは、人に見せたり、触られたりしたら、だめ。あなたのだいじな体だよ」、「触られそうになったら、『いや』と言ってすぐ逃げ、そのことを大人にお話してね」と簡潔に教える。
・物質の変化などにも興味をもつため、家庭でできる簡単な科学実験(割れないしゃぼん玉、ダイラタンシー、小麦粉粘土(小麦粉アレルギーに注意))などを行い楽しむ。
・社会的な存在である自分への意識が高まるため、みんな遊びを多く体験することで、勝つ楽しさ、負ける悲しさ、悔しさなどを味わい、ルールを守って遊ぶことの楽しさを感じる機会を増やす(勝つことが最優先、ルールを守ることの意味が十分理解できない時期であることを把握しておく)。

きょうだいの存在、男女差、家庭環境を含め、こどもの個性が際立つ時期のため、親や保育者も、個性に応じた声かけやかかわりなど、「個別性への配慮」が必要になります。集団指導の中で課題理解、課題に取り組む態度、完成時間のスピード、集中力、完成作品に「多様性」があることを再認識し、比較せずかかわりにユーモアをもち、大人も楽しむことが必要です。

5歳半ごろ

総論・飛躍的な発達の時期

就学を控えた時期になると、親や教師（保育者）についつい焦りが生じ、「ひらがなが読めないと」、「自分の持ち物を管理できないと」、「授業中に座っていられないと」、「お友だちができるように大きな声で話せないと」など、たくさんの要求をしてしまいがちです。

わが子の気がかりな個性の背景を、少し変換表現してみるなら、「文字にはあまり興味がないけれども、お話をたくさん覚えていて話上手」、「忘れ物は多いけれども、弟のお世話はすごく上手」、「じっとするのは苦手だけど、興味をもつとたくさん集中できる」、「大きな声で話すのは恥ずかしがるけれど、きちんとお友だちの話を聞くことができる」などのたくさんの良い面があります。しかし心配が良い面を薄め、見過ごしがちになってしまいます。

こども同士のトラブルについても、「転ばぬ先の杖」のごとく、親や教師（保育者）が先回りして、謝ってしまい、仲良くすることがゴールであるように指し示してしまうことがあります。

この時期のこどもの特性を理解することで、生じるトラブルの本質を捉えることができます。「嘘をついてしまった、大変」ではなく、「短期記憶が不全のために、記憶があやふやで、その場で浮かんだことを言ってしまっただけ」なのかもしれません。「つじつまが合わないこと＝悪」の感覚は、ありません。時間の観念についても、過去は、全部「昨日」です。

言語表現の幼さ、思考・推論の未熟さについては、これから発達する総合的な力であることを期待しましょう。大人が決めつけてしまうと、こどもを傷つけるかもしれません。

失敗をするわが子についてショックを受けると、「すべて善＝絶対、わが子は間違えない」と考える場合や、「すべて悪＝わが子を信じられない」と極端に思い込んでしまう傾向があり、バランスを失います。

人間なのですから、間違うことがありながらも、信じられないほど悪いわけではありません。大人として、わが子が判断を間違った場合でも、人生経験が少ないことを認め、あたたかく受容しましょう。周囲の話も聞く耳をもちながら、わが子の味方でいましょう。

「○○ちゃんは、ピアノが上手」、「△△ちゃんは、かけっこが一番」と、ほかのお友だちと自分を比べて、悔しく思ったり、うらやましがる発言も聞かれるかもしれません。

そのようなときに、「そっか、すごいんだね、あなたはどう思ったの？」と、そのことでこども自身の中で芽生えた感情に気づかせることができます。「いいなあ」、「かっこいいな」、「うらやましいと思った」などの言葉が出てくるなら、「あなたのかっこいいところは、なんだろうね？」と自分の長所について考える土壌を整えるチャンスです。「わからない」というこどももいてよいのです。「そっか、わからないか、いいんだよ、ゆっくり得意を見つけようね」、「ママは、あなたのやさしいところが一番だと思っているよ」など、押しつけないようなかたちで、自尊心、自己肯定感の種をまき続けましょう。こどもの成長とともに、悩みは変遷していきます。けれども、生涯を通じて自分を大好きでいられることは、生きやすさにつながります。また、なにがあっても、大好きな人、応援してくれる人があってこそ、何度でも失敗してそのたびに立ち直る経験を安心して重ねられるのです。ほかの人と比較する価値観が芽生えるこの時期に、「わが子の、ここが一番！」を見つけ、確認し、言葉にしてサラリと伝えることを心がけましょう。

みつきちゃんの気持ち
勝手にカバンに入ってたの
みつきちゃん 今日保育園で 使った タオル 洗濯機の ところに 持ってって
だー
だー
そうちゃん 1歳2ヶ月
はーい
みつきちゃん 5歳6ヶ月
来年は 小学1年生
そうちゃんが 保育園に 入ってから ますます 張り切ってる わね
今日のお便りは…
…
あれ？
みつきちゃん この ティッシュ
…
持ってなかった わよね
あ それね
れなちゃんの
勝手に みつきのカバンに
入ってたの

お母さんの気持ち
嘘つきじゃないの？
ティッシュが
勝手にカバンに入ってるって⁉
嘘じゃないの？
でも問い詰めたら逆効果よねどうしよう…
ティッシュさんすごいなートコトコ歩いてカバンに入ったのかな？それともジャンプして入ったのかな？
えっとねみつきが助けてあげたから入れたよ
れなちゃんのティッシュ床に落ちてたの
どうやって助けたの？
踏まれたらかわいそうだから拾ってみつきのカバンに入れてあげたの

そうだった の助けてあげたんだね
でもさ れなちゃんの ティッシュ
れなちゃんの カバンに 帰りたい～って 泣いてないかな？
お母さんの対応
「ごめんね」は 仲良しになれる魔法の言葉
ティッシュさんに 聞いてみて
うん
やっぱり れなちゃんのとこに 帰りたいって
どうしよう
みつきちゃんは どうしたらいいと 思う？

明日の朝
返そうかな…
一人でできる？えみ先生に助けてもらう？
大丈夫！一人で言える!!
ステキ！じゃあママがれなちゃんの役するから明日なんて言うかやってみて
えっとれなちゃんのティッシュ床に落ちてて踏まれそうだったから助けて
みつきのカバンに入って…
はい！返すね！
上手！あとちょっと付け足しで
「れなちゃんティッシュ探してた？ごめんね」
って言うのはどう？

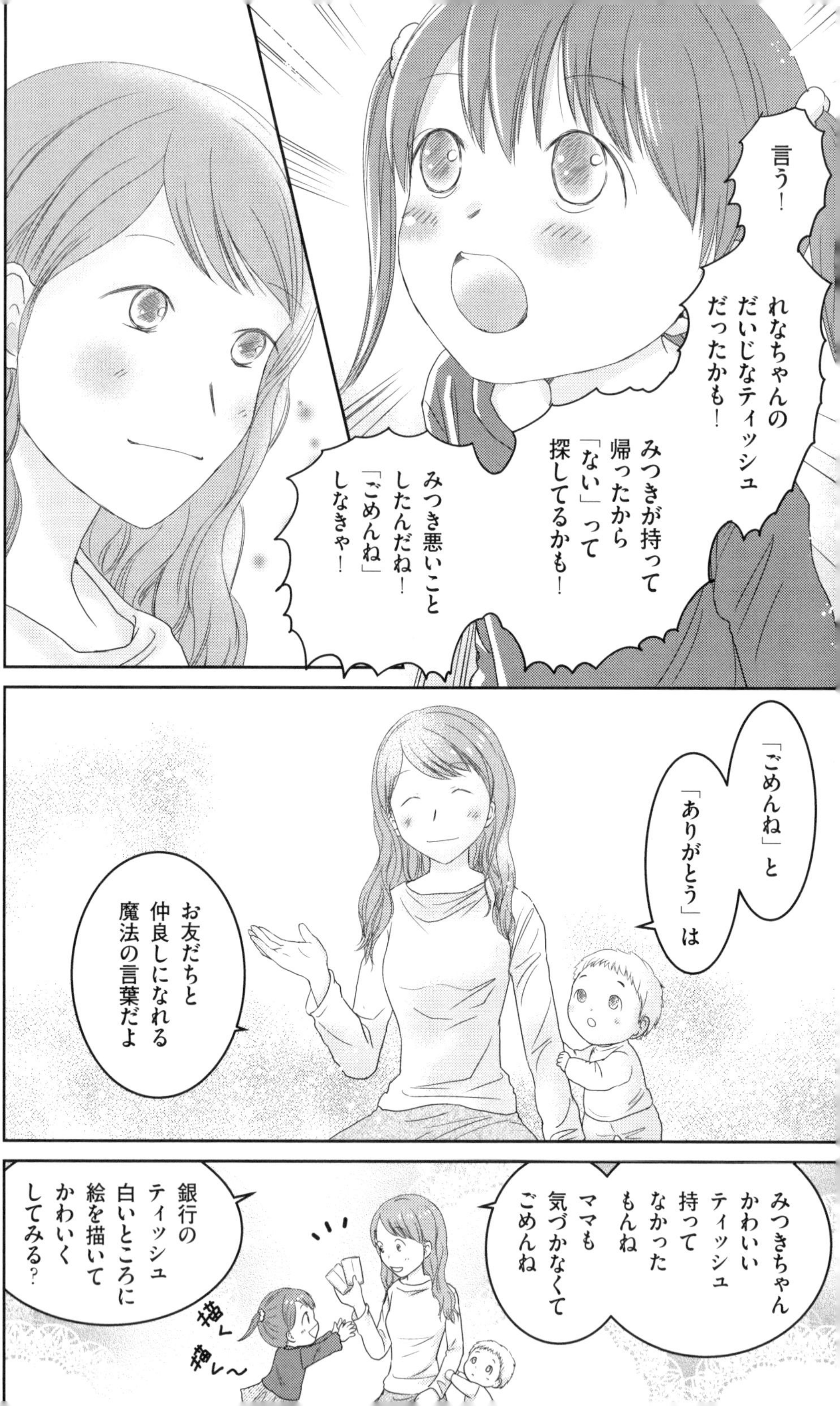
言う！
れなちゃんのだいじなティッシュだったかも！
みつきが持って帰ったから「ない」って探してるかも！
みつき悪いことしたんだね！「ごめんね」しなきゃ！
「ごめんね」と「ありがとう」は
お友だちと仲良しになれる魔法の言葉だよ
みつきちゃんかわいいティッシュ持ってなかったもんねママも気づかなくてごめんね
銀行のティッシュ白いところに絵を描いてかわいくしてみる？
描く描く〜

みつきちゃんの気持ち
れなちゃん　ごめんね
れなちゃん
昨日ね
れなちゃんの
ティッシュ
落ちてて
踏まれそう
だったから
拾って
おうちに
持って
帰っちゃったの
探してたら
ごめんね
よかった！
ティッシュ
なんでないのかな
って思ってたの
みつきちゃん
見つけてくれて
ありがとう！
…すぐに
渡せなくて
ごめんね～
いいよ！
あ！
みつきちゃんの
ティッシュも
かわいい！
みつきが描いたの！
れなちゃんにも
一つあげる！
おそろい
どうぞ
ふふっ
ママ～
ちゃんと
言えたよ～

解説

葛藤の爆発期に自立の基盤となる探索基地

この時期には、就学を控え、社会的な能力が発達することで、比較参照能力が向上します。お友だちに対する愛着が増え、気の合うお友だちを見つけ、うらやましい、これをしたい、あれをしたいなど欲求が増え、その時どきに欲求・葛藤との折り合いのつけ方を学び、練習する時期といえます。そのようなときに大人の姿勢が問われます。みつきちゃんのお母さんも悩みながら、みつきちゃんの特性――面白がって話すとほぐれることを思い出しアプローチしました。

人生経験が未熟なこどもに対して正面切ってぶつからない大人の姿勢、ユーモアで包むこと、こどもの認知に親や保育者がどのくらい歩み寄れるかが、かかわりの道を閉ざさないヒントとなります。今、大人になった私たちにも、大好きだったお友だちが持っていたもの、着ていた服、果ては住んでいた家、車やペットまで、さまざまうらやましく思った記憶は残るものです。お友だちのことが好きであることに派生して、好きなお友だちの持っているものが好きになる、愛着をもつほど、世界観が広がるものなのです。好きの幅、種類が広がり、テレビのコマーシャルなど、なにかを見るにつけ、「あれが欲しい、これが欲しい」と胸が躍り、欲求と愛着の葛藤の爆発時期ともいえます。それらは本来、好ましいことです。ただし欲求行動制御、コントロールが追いついていない、ほどよく調節することの経験不足などから時に課題となり得ます。欲求をもったときに、その対処法を予測、練習、リハーサルをすることで、自信をもって自分の弱点を認め、それをバネにして次回に同じことがあった場合の望ましい行動予測につながります。

大人びた傾向がある女児は、自我の高まりとともに、自分について関心が明確になる時期であり、ボディイメージが確立され、「自分はかわいい、お友だちもかわいい、どっちがかわいい?」などの比較、かわいい、あるいはかっこいいお友だちやアイドル、キャラクターへの憧れも生じます。

そこで、自分とお友だちとの対人距離をはかる練習が、必要になります。まだまだ同一化の意識も強く、仲良しのお友だちのものは自分のもの(私のものは私のもの、あなたのものも私のもの)という共同所有の意識が高いため、お友だちのものを所有しても罪悪感を抱けないこともあるのです。嘘をついているのではなく時系列が不全であること、短期記憶が未熟であることも関係しています。そのことに対して、社会的に成熟した大人の価値観を真正面からぶつけてしまうなら、わが子を疑いの目で見てしまい、親まで落ち込んでしまうことになりかねません。繰り返しますが、対人距離の境界線が曖昧な時期であり、愛着をもった「ひと」や「もの」への同一化（一体化）の時期であることに理解を示しましょう。ただし、境界線の曖昧さを狙った性被害などの危険もあります。自分の大切な身体は、よく知っている人でも触らせてはだめ、見せてもだめなど、徐々に自分と他者との境界線を教えていきましょう。飛躍的な知的成長や情緒的な成長の時期に、どのような刺激をどれほど与えていくのか、デジタル刺激過多な時代に親の選択能力が問われるようになりました。加えて「一年生になるんだから」というプレッシャーも繰り返されると心的負担が大きくなるため、大人の側でブレーキをかけましょう。

愛着形成の視点から、こどもの自立の基盤となる働きをするのが、探索基地です。

探索基地は、一人で行動したとき、そのとき感じた気持ちを整理する働きをします。うれしい気持ちの経験をしたあと、探索基地として、たとえばお母さんに報告すると、うれしい気持ちがもっと増えるという働きをします。

また、怖い気持ちになる経験をしたあと、探索基地を担ってくれる人に、たとえばお父さんに報告すると、その怖い気持ちを減らし、なくしてくれる働きがあります。

5歳児ごろの探索基地形成で意識したいのは、探索基地機能が万全ではないため、「特定の人」、大人が、その経験をある程度コントロールをすることが大切になります。いろいろな「もの」、「ひと」との出会わせ方をコーディネートしましょう。そして、自分だけでは経験を、どの気持ちと結びつけて振り返っていいかわからないときもあるため、気持ちの振り返りの先導役をするのも大切な「特定の人」、大人の役割なのです。お母さんは、みつきちゃんが、れなちゃんの気持ちを想像できる（気持ちのゆとりが生まれる）よう、責めずにゆったりかかわりました。お母さん自身も、れなちゃんと同じようなかわいいティッシュが欲しかったみつきちゃんの気持ちに気づいたときには、少し自分を責めたかもしれません。けれども、同じようなかわいいティッシュをすぐに買い与えるのではなく、ピンチをチャンスに変換するための工夫を凝らしました。家にあったポケットティッシュに入っている広告の裏に、みつきちゃんが、自分でお気に入りのかわいい絵を描く提案をしたのです。自分のため、そして、大好きなお友だち、れなちゃんへのプレゼントのために、お気に入りの絵を描く「愛着形成の時間」を楽しく過ごすことで、みつきちゃんは落ち着きを取り戻しました。

そのようにして、お母さんは、れなちゃんに「ごめんなさい」を言えるみつきちゃんの気持ちの準備を、後押ししたのです。お母さんは、みつきちゃんのそばで、最近じっくり話せていなかったことを反省しながらも、二人だけの楽しいおしゃべりの時間を共有したでしょうか。そばであたたかく見守ることで、みつきちゃんに「失敗してもいい、安心できる人が一緒なら、何度でもやり直せる」ことを、態度で伝えたいと願っているでしょう。

保育園では、えみ先生が、れなちゃんに、みつきちゃんが「ごめんなさい」を言う場面を、成長の節目、謝罪することで友だち関係を修復する体験として見守ってくれています。きっとお母さんは、この状況を、朝一番で、えみ先生に（みつきちゃんには気づかれないように配慮しながら）電話で報告していたに違いありません。もちろん、えみ先生もお母さんと同じく、この成長の機会を重んじ、みつきちゃんから謝り、れなちゃんの気持ちを大切にして仲良しの関係を保てたことを、お母さんの仕事の昼休みに電話で伝えていたことでしょう。

最後に、みつきちゃん自身も、関係性を修復でき、さっぱりした気持ちを、お迎えにきてくれたお母さんに、ニコニコ笑顔で報告しています。お母さんは、夕方の忙しい時間を一瞬止めるかのようにして、この大切な経験を受容し、一緒に喜んでいます。

これらのことから、なにかが起こった場合には（なにかが起こらないときでも）、とくに出来事の一連の流れを、親、教師（保育者）が連携する、情報を共有しながら、あたたかい眼差しで見守り、こどもを主人公としながら、ともに応援する姿勢に努めましょう。保護者のみなさんは、教師（保育者）に、日頃から、遠慮せず子育てについて相談し協力をお願いしてみてくださ い。連絡帳活用や、事前に予約してからゆっくり相談するなどで、家庭と園生活の連携を強化すると、さらに、こどもの経験が豊かになります。連携関係では、パートナーシップへの感謝も忘れず、まず親が、保育環境に対して安心安全、信頼感を抱くことにより、就学前、愛着の探索基地機能を強化する時期を、さらに有意義に活用できるでしょう。

かかわりのポイント

乳幼児期の成長を客観的に喜ぶ

世界観が広がり、貨幣経済社会の一員として、買い物なども楽しみます。その分、自分について（外見、服装、住居、家族、所持品など）、周囲との比較意識も生じます。

「○○ちゃんのお母さんはいいなあ、やさしくて、かわいくて」などと、日々、奮闘している親の怒りのツボを、平然と押してきます。そんなときには、他者を観察し、自分の状況を（独自に）分析し、比較し、言語表現できるほど成長したわが子の姿を、客観的に喜んでください。

お友だちに対しても「批評家精神」を発揮するため、トラブルも増えます。トラブルを回避することばかりに心を砕くのではなく、トラブルの一つひとつから学んで成長していく姿を想像しましょう。

成長を促す遊びの例

なぞなぞ、クイズ ― 言語的に想像、推論する力を育てる
ひらひらキャッチ（ティッシュ遊び） ― 目と手の協応運動、視野を広げる
風船バレーボール ― 力の調節（割れない力で遊ぶ）

二人あやとり、けん玉 ― お友だちと共同作業で作品を作る。力の制御、集中力
砂場で棒倒し ― 力の調節、お友だちを観察する、作戦を考える
だるまさんが転んだ ― ルールを守る、姿勢保持、集中力
回文、早口言葉 ― 発音の練習、記憶力向上
写し絵、絵手紙 ― 運筆練習、表現力、コミュニケーション

ワンポイントアドバイス

・就学を控え、字を書く基礎力として鉛筆の使い方に慣れ、写し絵（目と手の協応の完成型）を楽しむ（好きなキャラクターの細かすぎない絵を選ぶ→トレーシングペーパーをずれないようマスキングテープなどで固定する→鉛筆、サインペンでなぞる。先の細いペンを使用すると、手指の巧緻性の向上につながる。市販の写し絵も活用）。本人が集中して完成できる、上手にできた、またやろうと意欲が湧く簡単な絵を選ぶ。なぞり線がずれると、やる気をなくし怒ったりするため、ずれないよう工夫する。紙が破れやすいため、線がずれても大目にみる、消さないことを、先に伝えておく。

・絵手紙を、親戚やお友だちなどに書くことで、コミュニケーションを絵や文字でもやりとりできる楽しさを味わう。相手を意識して伝えると返信があり、相手にどのように受け取られたかを確認することができる。やりとりの醍醐味を知り、読み手の意識を大切にする経験は、将来、作文など、文章を書く情緒的基盤体験となる。

・想像力、記憶力の向上により、実物がなくても言語的な操作（なぞなぞ、クイズなど）だけでの遊びを楽しむことができる。もちろん実物との参照があれば、さらに効果的な学びになる。

好きな遊び、嫌いな遊び、得意、不得意が、本人の中でも、はっきりしてくるので、すべての能力をまんべんなく育てることを目標にしないようにしましょう。本人が好きで、笑顔で取り組むことを得意なことの新芽としてあたたかかく見守り、しかしブームが去れば変化する可能性もある、と大らかに捉えましょう。

「幼い＝移ろいやすい」ので、多様な遊びや体験にチャレンジすることが、こどもの意識、能力への刺激となり、知的発達に寄与します。

5歳半ごろ　かかわりのポイント ● 乳幼児期の成長を客観的に喜ぶ

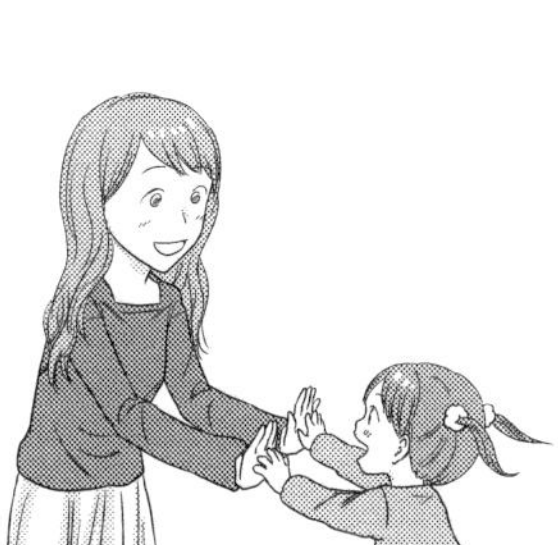

参考文献
（発行順）

・藤田絵理子・米澤好史（2009）デートDVに影響を及ぼす諸要因の分析とDV被害認識の明確化による支援の試み『和歌山大学教育学部教育実践総合センター紀要』（19）9－18頁
・田邊恭子・米澤好史（2009）母親の子育て観からみた母子の愛着形成と世代間伝達――母親像に着目した子育て支援への提案――『和歌山大学教育学部教育実践総合センター紀要』（19）19－28頁
・藤田絵理子・米澤好史・柳川敏彦（2012）「トリプルP」グループワーク（発達障がいの子どもを養育中の保護者向け）でのファシリテーター・受講者・受講者の子どもという三者関係における認知、情動の相互影響力についての分析の試み『和歌山大学教育学部教育実践総合センター紀要』（22）183－192頁
・米澤好史（2015）「愛情の器」モデルに基づく愛着修復プログラムによる支援――愛着障害・愛着の問題を抱えるこどもへの支援――『臨床発達心理実践研究』（10）41－45頁
・米澤好史（2015）『発達障害・愛着障害　現場で正しくこどもを理解し、こどもに合った支援をする「愛情の器」モデルに基づく愛着修復プログラム』福村出版
・米澤好史（2016）愛着障害・愛着の問題を抱えるこどもの理解と支援――愛着の問題のアセスメントと「愛情の器」モデルに基づく愛着修復プログラムによる支援――『日本学校心理士会年報』（8）17－28頁
・米澤好史（2018）『やさしくわかる！　愛着障害――理解を深め、支援の基本を押さえる――』ほんの森出版
・米澤好史（2018）こどもの安全基地・安心基地・探索基地になれる親『児童心理』（8月号）52－57頁

金子書房
・米澤好史（2018）愛着障害の実態と対応・支援『指導と評価』（12月号）12－14頁　図書文化社
・田並幸恵・米澤好史（2019）未就園児を育てる母親の養育態度とソーシャルサポート・自己評価の関係——愛着形成の視点から——『和歌山大学教育学部紀要（教育科学）』（69）27－34頁
・米澤好史［編著］（2019）『愛着関係の発達の理論と支援』金子書房
・小野善郎［監修］・和歌山大学教育学部附属特別支援学校性教育ワーキンググループ（代表　藤田絵理子）［編著］（2019）『児童青年の発達と「性」の問題への理解と支援——自分らしく生きるために　包括的支援モデルによる性教育の実践——』福村出版
・米澤好史（2019）『愛着障害・愛着の問題を抱えるこどもをどう理解し、どう支援するか？——アセスメントと具体的支援のポイント51——』福村出版
・米澤好史［監修］（2020）キーパーソンはあなた！園で治す愛着障がい『ＰｒｉＰｒｉ』（6月号）66－70頁　世界文化社
・米澤好史（2020）「愛着障害」と発達障害の違い・見分け方と支援のあり方『実践障害児教育』（6月号）12－15頁　学研
・米澤好史（2020）『事例でわかる！　愛着障害——現場で活かせる理論と支援を——』ほんの森出版
・米澤好史（近刊）『愛着障害はいつでも誰にでも適切なかかわりで修復できる』（仮題）合同出版
・米澤好史（近刊）精神障害の理解と支援『障害者・障害児心理学』（本郷一夫・大伴潔編著）ミネルヴァ書房

あとがき

最後までお読みくださったみなさま、米澤先生のナビゲーションによる「みつきちゃんの愛着形成の旅」は、いかがだったでしょうか？　ようやく、そして、ひとまず?!　終着駅です。

主人公であるみつきちゃん本人、みつきちゃんの両親、弟のそうちゃん、担任の先生、主任の先生、みつきちゃんのお友だちなど、みつきちゃんとかかわる人、それぞれの視点から描かれる、ありがちな日常を、年齢発達のそれぞれのステージごとに辿ることができました。愛着や成長の節目のタイミングに面倒くさくても、ひと手間を余計にかけることが、愛着形成の糸を強くし、こどもと親、教師（保育者）の人生経験を豊かにするのです。そしてそれは、かかわる大人、一人だけではなく、「みんながかり（たくさんの人々の支援を得た育児・養育環境）」でのチャレンジでした。

「愛着の視点で、こどもの言動を読み解く、ケースを見立てる」は、米澤先生の支援の一貫したテーマです。こどもが残してくれているヒント、情報の断片をていねいに集めること、そのピースを、時には一人で、時には関係者と、あれこれ組み合わせ、支援の可能性を広げるのです。

つまり「こどもが教えてくれること」に、周囲の大人は、いかに気づくことができるのかが問われているのです。時や場面に応じて使うレンズを瞬時に変えるように、「虫眼鏡（拡大鏡）」や「望遠鏡」を駆使する柔軟なフォーカシングが必要です。フォーカシングは、本人だけでなく、時には背景情報、周囲の人間関係に当てることで、本人への理解がより一層浮かび上がることがあります。

二〇二〇年から二〇二一年は、世界にコロナ禍（新型コロナウィルス感染症）が襲いかかったことで、大変な年になりました。誰もが未曾有の出来事と不安の中で過ごしました。大人は、こどもたちの笑顔と安心安全を守るため、奔走し、知恵を集め、協働しました。

果たして、それは、こどもたちにどのように伝わっているでしょうか？

米澤先生は「伝える」と「伝わる」の相違を支援で着眼し、こども理解の柱とされます。大人同士でも、伝えたつもりは、よくあることです。どのように「伝わった」のかが、大切です。残念なことに、伝わっていないことで、誤解も生じます。こどもたちとの関係では、さらに、伝わらないことが多くあります。言葉や態度（言語や非言語コミュニケーション）で、ていねいに伝えていきましょう。大人が「あなたを大切に思っている」というメッセージを、繰り返し伝えていくことが、今までよりも必要な時期なのかもしれません。こどもは、一人では成長できません。

縦糸、横糸のように、細かく織りなす人間模様の中で、どのようにこどもの人格は育成されていくのでしょうか。親として「きっといい子に育つ」、「大丈夫」と念じながら、時には、勇気を振り絞ってこどもと向き合うこともあるでしょう。一人ひとり、親子関係をめぐる事情は異なります。家族というユニットに危機が生じるかもしれません。どうぞ、一人で悩みすぎないうちに、声を上げ信頼できる人や行政の相談機関に相談しましょう。心理士に相談するのは初めてという方に多く出会います。ずっと誰にも相談せずに、自らの力と知恵で人生や子育ての荒波をなんとかやり過ごしてこられたのです。けれども、家族が増えるたびに人間関係は、複雑になるのも現実です。親として、ぜひ自分の心や身体を顧みるスキル向上にも心を向けてください。より幸福な人生の「旅」を心より願っています。

今回は病気などで医療的ケアが必要なこども、発達障害などの障害のあるこどもの直接的なかかわりなどについての記述は含まれていませんが、どの子にとっても愛着の視点からの支援、かかわりが必要だと確信しています。

最後に書籍刊行に際して、「旅」のコンダクター米澤好史先生、ガイドマップ担当のくまの広珠さん、そして、このようなツアーをパッケージにまとめてくださった福村出版の宮下基幸社長に心より御礼申し上げます。

みなさまの笑顔の庭が、これからも四季折々に、味わい深い景色となりますように。

二〇二一年初夏　藤田 絵理子

作者紹介

米澤 好史（よねざわ・よしふみ）

和歌山大学教育学部教授。臨床発達心理士、学校心理士スーパーバイザー、上級教育カウンセラー、ガイダンスカウンセラー。

専門は臨床発達心理学・実践教育心理学（こどもの理解と発達支援・学習支援・人間関係支援・子育て支援）。

日本教育カウンセリング学会理事、日本教育実践学会理事・教育実践学研究編集委員長、日本学校心理士会幹事、日本臨床発達心理士会幹事、日本発達支援学会編集委員、関西心理学会役員（委員）、和歌山県教育カウンセラー協会会長、日本臨床発達心理士会大阪・和歌山支部幹事、和歌山市男女共生推進協議会会長、岸和田市子ども・子育て会議会長、摂津市子ども・子育て会議会長として、社会的活動を行う。

藤田 絵理子（ふじた・えりこ）

和歌山大学大学院教育学研究科修了（米澤先生の社会人ゼミ生）。二人の子どもを育てながらシングルマザーとして、デートDV、子育て支援研究を実施。2013年より和歌山大学教育学部附属三校（小学校・中学校・特別支援学校）教育相談コーディネーター。学校心理士スーパーバイザー、公認心理師。和歌山の多職種専門家とのご縁を大切に、多様で複雑化する児童生徒支援・相談業務、実践、調査研究を行う。

くまの 広珠（くまの・ひろみ）

女子美術短期大学卒業。別ペンネームで挿し絵、絵本、児童文学など多数出版。現在は子育てをしながら漫画や絵本の制作を続ける。くまの広珠名での作品としては、電子コミック『綾ちゃんはナイショの妖精さん』など。絵本『ねんねのおと』でアルファポリス第11回絵本・児童書大賞にて寝かしつけ絵本賞を受賞。絵本『はりねずみくんあそぼうよ』『りすさんとかくれんぼ』は、キッズワンダーランドにて絵本レンタルサービスを行っている。ブログ：http://kumahirosan.blog.fc2.com/

子育てはピンチがチャンス！
乳幼児期のこどもの発達と愛着形成

2021年 8月20日　初版第1刷発行

監修者　米澤好史
著　者　藤田絵理子・米澤好史
漫画／イラスト　くまの広珠

発行者　宮下基幸
発行所　福村出版株式会社
〒113-0034　東京都文京区湯島2-14-11
電話　03-5812-9702　FAX　03-5812-9705
https://www.fukumura.co.jp
印刷・製本　中央精版印刷株式会社

ISBN978-4-571-24093-5　C0011　Printed in Japan